Qui potiores in pignore vel hypotheca habeantur.

EN DROIT ROMAIN.

DE LA SUBROGATION

A L'HYPOTHÈQUE LÉGALE

DE LA FEMME MARIÉE.

EN DROIT FRANÇAIS.

THÈSE POUR LE DOCTORAT

L'acte public sur les matières ci-après sera soutenu
le Jeudi 29 Mars 1860 à 1 heure

PAR

Camille GÉRARDIN,

Avocat à la cour impériale de Paris.

Président : M. **ROYER-COLLARD**, Professeur.

SUFFRAGANTS :
MM. **PELLAT**, Doyen
PERREYVE
DURANTON
DEMANGEAT

Professeurs.

Suppléant.

Le candidat répondra en outre aux questions qui lui seront faites
sur les autres matières de l'enseignement.

PARIS

IMPRIMERIE DE MOQUET,

11, Rue des Fossés-Saint-Jacques, 11.

1860

A MON PÉRE. A MA MÉRE.

DROIT ROMAIN.

**Qui potiores in pignore vel hypotheca habcan-
tur et de his qui in priorum creditorum
locum succedunt.**

(Dig. liv. **XX**, tit. **IV**. Code, liv. **VIII**, tit. **XVIII** et **XIX**).

GÉNÉRALITÉS.

L'hypothèque est un droit réel, accessoire, en vertu
duquel l'objet qui en est frappé, est affecté à l'acquittement d'une obligation. Elle est une des garanties
les plus solides qu'un emprunteur puisse offrir au
créancier qui n'a pas voulu se contenter du droit de
gage général qui pèse à son profit sur tous les biens
de son débiteur.

Longtemps les Romains ignorèrent cette sûreté
spéciale. Dans le droit primitif, celui qui désirait
obtenir crédit, transférait par la mancipation ou la
tradition au créancier la propriété de quelque objet,
mais avec une clause accessoire, le contrat de *fiducie*,
en vertu duquel le créancier, une fois la dette acquit-

tée, était tenu de lui retransférer la propriété. Ce système présentait un grave danger pour le débiteur, dont le créancier pouvait aliéner la chose, puis un inconvénient qui résultait pour le débiteur de la dépossession d'objets fort utiles, quelquefois même indispensables, comme de ses instruments de travail.

Pour éviter au débiteur les risques d'une aliénation, on imagina, à une époque inconnue, de remplacer la *fiducie* par le gage proprement dit, acte qui consistait à remettre au créancier non plus la propriété, mais seulement la possession de la chose qu'il devait rendre lors du paiement. Mais restait toujours l'inconvénient de la dépossession du débiteur. En outre, ce contrat de gage imposait au créancier des obligations et une responsabilité souvent fort onéreuses. Enfin cette nécessité de remettre au créancier la possession de l'objet nuisait au crédit, en empêchant de faire servir la même chose, quelque fût sa valeur, à la sûreté de plusieurs créanciers.

La jurisprudence prétorienne trouva dans une institution grecque, l'hypothèque, le moyen de concilier tous les intérêts. La simple convention, sans aucune tradition faite au créancier, suffit pour lui conférer sur l'objet le même droit réel que si on le le lui avait remis en gage. Dès lors disparaissaient les inconvénients que nous venons de signaler. Mais cette combinaison nouvelle eut un autre vice, plus profond peut-être, et qui n'avait pu se présenter sous les deux premiers systèmes : ce fut la clandestinité qui, en dérobant l'hypothèque à la connaissance des tiers, porta au crédit une grave atteinte, et laissa planer l'incertitude la plus fâcheuse sur toutes les propriétés. La législation grecque avait compris le danger de cette absence de publicité : les hypothèques y étaient annoncées par des signes apparents posés sur les héritages : moyen bien imparfait sans doute, qui atteste une législation encore dans l'enfance, et qui ne pouvait se pratiquer que dans de petits États, comme les républiques de la Grèce, mais qui nous montre qu'à cette époque reculée, on avait déjà senti le besoin de donner au crédit une vive impulsion, en facilitant l'établissement des hypothèques, et en dégageant la propriété des entraves que le système de la clandestinité faisait peser sur elles.

Il paraît bien que les Romains, en empruntant à la Grèce cette institution, laissèrent de côté son système de publicité, et n'établirent aucun moyen, pour ceux qui recevraient un objet, soit en propriété, soit en hypothèque, de vérifier si cet objet ne se trouvait déjà pas engagé.

La convention d'hypothèque n'était assujettie à aucune forme : tout se bornait pour le créancier à en prouver l'existence et la date. Cependant une constitution de l'empereur Léon ordonna qae les hypothèques qui seraient constatées, soit par un acte dressé sous l'autorité du magistrat ou d'un notaire public, soit au moins par un acte souscrit par trois hommes d'une renommée intègre, passeraient, bien que postérieures en date, avant celles qui seraient dénuées de semblables preuves. Mais cette mesure était insuffisante : elle n'établissait pas d'ailleurs une règle impérative, et ne pouvait porter l'hypothèque à la connaissance des tiers intéressés à son existence.

A partir de cette époque, le gage et l'hypothèque existent simultanément, et confèrent au créancier les mêmes droits : aussi les deux expressions sont souvent prises l'une pour l'autre.

Tout objet qui est dans le commerce peut être donné en gage ou hypothéqué, sans distinguer, comme dans notre droit, entre les meubles et les immeubles. L'hypothèque elle-même peut être hypothéquée, et on peut convenir que l'hypothèque frappera tous les biens présents et à venir de celui qui la consent; autre vice du système hypothécaire romain, qui, comme la clandestinité, a heureusement disparu de notre législation.

La nature du gage et de l'hypothèque est telle que le droit existe en totalité, pour toute la créance et tous les accessoires, non-seulement sur l'ensemble de la chose hypothéquée, mais sur chacune de ses parties et de ses accessoires : c'est ce qu'on exprime en disant que l'hypothèque est indivisible.

Les droits du créancier gagiste ou hypothécaire consistent : 1° Dans le droit de vendre la chose; 2° dans le droit de suite; 3° dans le droit de préférence.

1° *Droit de vendre la chose.* — Ce droit paraît ne pas avoir existé dans la première période du gage, qui se bornait alors à une simple faculté de rétention : plus tard il devient de règle essentielle, et ne put être enlevé au créancier. La vente ne peut être faite qu'à l'échéance de la dette, pour la créance hypothéquée seulement, et dans les formes réglées par la convention ou par la loi. Le droit de faire vendre l'objet n'est pas, dans le droit romain, comme chez nous, un droit commun à tous les créanciers, même chirographaires : il est bien la conséquence du gage ou de l'hypothèque : car le droit civil, sauf quelques cas particuliers, ne donnait de moyens de contrainte aux créanciers, que contre la personne et non contre les biens du débiteur, et ceux qu'introduisit plus tard le préteur, différaient encore considérablement du droit du créancier gagiste. Enfin le droit de vendre n'appartenait qu'au premier créancier hypothécaire; les créanciers postérieurs n'avaient que le *jus offerendi*, dont nous traitons plus loin.

2° *Droit de suite*. — Le créancier hypothécaire peut poursuivre l'objet engagé entre les mains de tout tiers détenteur, et même de tout créancier hypothécaire postérieur. Ce droit est exercé au moyen de l'action quasi-servienne ou hypothécaire qui a pour but de faire reconnaître et exercer le droit réel du créancier.

3° *Droit de préférence*. — C'est la matière que nous nous proposons d'étudier en détail, et qui fait l'objet du tit. 4. du liv. XX au Dig. : Telle sera la première partie de notre travail. Dans un deuxième chapitre, nous traiterons du second objet de ce même titre, c'est-à-dire des cas où un tiers prend la place de l'ancien créancier désintéressé.

CHAPITRE PREMIER.

QUI POTIORES IN PIGNORE VEL HYPOTHECA HABEANTUR.

1° *Détermination du droit de préférence.*

S'il n'y a qu'un créancier hypothécaire, tout se borne pour lui au droit de vendre ou au droit de suite. La question de priorité ne peut pas s'élever. Mais la même chose peut être hypothéquée à plusieurs créanciers : Si le prix ne suffit pas pour les désintéresser tous, il s'agit de régler dans quel ordre ils seront préférés les uns aux autres. La règle générale à cet égard est bien simple. Le rang des gages ou hypothèques se détermine par la date de leur établissement. *Prior tempore, potior jure.* La convention a donc un double but ; donner naissance à l'hypothèque et déterminer son rang.

Il importe donc de bien déterminer à quel moment la convention est parfaite. Nous pouvons tirer de plusieurs textes de notre titre cette formule générale, que le droit d'hypothèque est constitué et prend rang du jour où il n'est plus possible au débiteur de se dégager des liens de l'obligation que l'hypothèque garantit. C'est ce qui ressort nettement de la *loi 9 princ.* de notre titre. Le locataire d'un établissement de bains a affecté l'esclave Eros au paiement des loyers ; puis, avant son entrée en jouissance, il emprunte d'un tiers, et lui constitue hypothèque sur le même esclave ; Africain se demande qui aura la préférence du locateur ou du créancier. Ce qui fait naître le doute c'est que le propriétaire des bains, bien que *prior tempore*, n'avait pas encore de créance exigible, lorsque l'esclave qui lui était hypothéqué, a été engagé au tiers créancier. Cependant c'est le locateur qui l'emportera, parce que dès le jour où le locataire lui a constitué hypothèque, il n'a plus été au pouvoir de ce futur débiteur de dégrever l'esclave sans la volonté du créancier.

Peu importe, du reste, que la convention soit pure
et simple, à terme ou sous condition : dès le jour où
les parties sont liées irrévocablement, l'hypothèque
existe, et prend son rang : c'est ce qu'exprime parfaitement Gaïus en la *l.* 11, §. 1. : Une hypothèque
a été donnée pour sûreté d'une créance conditionnelle; et, avant l'arrivée de la condition, le débiteur affecte la même chose à la garantie d'une créance pure et simple : ensuite la condition s'accomplit:
ce sera le premier créancier qui sera préféré; car,
dit le jurisconsulte, l'évènement de la condition fait
rétroagir l'obligation au jour de la stipulation, et dès
ce moment le débiteur ne pouvait plus se dégager
malgré le créancier. Mais remarquons que la condition, dont il s'agit ici, doit être une condition ca-
suelle, qu'il ne soit pas au pouvoir du débiteur de
faire arriver ou d'empêcher (loi 9, § 1 et 2).

Lorsque le futur débiteur hypothèque sa chose au
profit d'un tiers qui doit plus tard lui compter une
certaine somme, quel sera le rang de l'hypothèque?
Il faut distinguer, d'après le principe ci-dessus posé,
si le grevé d'hypothèque peut ou non s'abstenir de
recevoir la somme. S'il a conservé la faculté de demander et de recevoir la somme à son gré, l'hypothèque ne prendra rang que du jour ultérieur, où
son lien sera devenu indissoluble; c'est-à-dire du
jour où on lui aura compté les espèces ; car jusqu'à

ce moment, il tenait entre ses mains le sort de l'hypothèque, et si dans l'intervalle, il a engagé le même objet à un second créancier, celui-ci aura la préférence (loi 1, § 1, loi 11, *pr.* et § 2). Mais il faut donner une solution contraire, si le futur créancier a pu forcer celui qui lui donnait hypothèque, à recevoir les fonds, et celui-ci forcer le créancier à les lui compter : l'hypothèque datera alors du jour de la convention. Telle est l'espèce prévue à la loi 1, *pr.* de notre titre. Primus a constitué à une femme une dot que nous devons supposer *profectitia* ou *receptitia*, et il s'est fait donner une hypothèque par le mari pour en assurer la restitution. Avant d'avoir reçu le paiement intégral de la dot, le mari affecte le même objet au profit d'un autre créancier, Secundus. Plus tard Primus paie ce qui reste dû au mari sur la dot. Quel sera le rang de Primus pour cette partie de l a dot? On pourrait croire qu'il ne datera que du jour du paiement, parce que, dirait-on, le mari était libre de refuser le reste de la somme; mais le jurisconsulte écarte cette objection, et donne rang à Primus au jour de la convention pour toute la dot, parce qu'il n'est pas vrai de dire que Primus pouvait refuser de compléter le paiement de la dot : il y avait ici en jeu l'intérêt de la femme, au droit de laquelle le constitituant et le mari ne pouvaient porter atteinte : car elle eût été *indotata* ou *minus dotata*.

Ces décisions données par les lois romaines, sont encore applicables dans notre droit, et peuvent aider à résoudre la question si controversée de savoir si l'hypothèque constituée pour sûreté d'un crédit ouvert ou d'une promesse de prêt, remonte, pour les diverses sommes que le débiteur a successivement prélevées, au jour de l'inscription prise en vertu de l'acte de constitution, ou si, au contraire, elle ne date pour chacune de ces sommes, que du jour où elle a été prélevée.

Nous avons supposé jusqu'à présent que le débiteur hypothéquait une chose qui lui appartenait. Mais qu'arriverait-il dans le cas où il aurait hypothéqué une chose qui n'existait pas encore, ou dont il n'était pas propriétaire? Quel sera le rang des divers créanciers hypothécaires? Et d'abord pour le cas d'hypothèque consentie sur une chose future, par exemple sur le part d'une esclave ou les fruits d'un fonds, la loi 11, § 3 de notre titre décide que cette convention est valable, si le débiteur était propriétaire de l'esclave ou du fonds; le créancier prendra donc rang à partir du jour de la convention.

Arrivons au cas où le débiteur a hypothéqué la chose d'autrui à plusieurs personnes successivement? S'il était déjà créancier de cette chose, la loi 3, § 1, *h. t.* décide que l'hypothèque datera pour chacun du jour de la convention : dans ce cas, on peut dire qu'il a hypothéqué non pas la chose d'autrui; mais la créance qu'il avait. Mais *quid*, lorsqu'il a hypothéqué une chose sur laquelle il n'avait aucun droit? s'il l'a hypothéquée, en ajoutant cette condition *si mea facta fuerit*, nous observerons encore ici entre les divers créanciers l'ordre des conventions. Si l'hypothèque a été consentie purement et simplement, la loi 14 décide encore que le premier en date sera préféré, si l'objet entre ensuite dans le patrimoine du débiteur. Mais je crois que pour appliquer cette décision, nous devons supposer que les deux créanciers étaient de bonne foi ; la loi 1, (*ff. De pignor. et hypot.* 20, 1) nous autorise à le décider ainsi. De cette loi 1, nous pouvons aussi conclure que le deuxième créancier de bonne foi l'emportera sur un premier créancier de mauvaise foi qui ne serait pas en possession de la chose engagée ; car s'il était en possession, Papinien décide qu'on lui permettra de retenir le gage.

Il nous reste à expliquer sur ce cas d'ypothèque de la chose d'autrui, un texte d'Africain : c'est la loi 9, § 3. Titia a successivement engagé le fonds d'autrui à Titius à Mævius ; puis, devenue propriétaire de l'immeuble, elle l'a constitué en dot à son mari après estimation : le mari en est donc devenu propriétaire. Titius, le premier créancier, est remboursé par la femme. Le jurisconsulte décide que

Mævius ne pourra pas agir hypothécairement contre le mari, parce qu'au moment de la convention, il y avait deux obstacles à la validité du gage de Mævius: l'absence de propriété chez la femme et le premier gage constitué à Titius, et parce qu'à l'époque du paiement de Titius, le fonds était sorti du patrimoine de la femme.

Un autre passage du Dig., loi 12, § 8, rapproché de celui-là, semble indiquer que l'hypothèque consentie par un débiteur sur un bien déjà grevé d'une hypothèque antérieure ne peut acquérir véritablement toute sa force que lorsque le premier créancier est désintéressé. Et cependant la loi 12 *princ.* décide que le deuxième créancier peut, avant le paiement du premier, intenter l'action hypothécaire, et je ne doute pas qu'il n'ait eu le *jus offerendi.* Peut-être restés fidèles jusqu'à un certain point aux origines de l'ypothèque et à la nature du gage qui l'avait précédée, les jurisconsultes romains n'avaient-ils jamais admis complètement que le même bien pût être affecté réellement à deux créanciers. C'est ainsi que peut se justifier la décision de notre loi 9, § 3.

Nous venons de voir quel est le rang assigné aux créanciers qui ont reçu à différentes époques, hypothèque spéciale sur un bien qui n'appartenait pas au débiteur. Mais il peut arriver qu'un débiteur confère à plusieurs créanciers successivement une

hypothèque générale sur ses biens présents et à venir. Suivrons-nous ici la même règle, et classerons-
nous les créanciers d'après l'ordre de leurs hypothèques sur les biens qui entreront par la suite dans
le patrimoine du débiteur? Cette question est encore
vivement controversée dans notre droit. En droit romain trois fragments semblent donner trois décisions
différentes : c'est la loi 7, § 1, la loi 21, pr. de notre
titre, et la loi 28 (*De jure fisci ff* 49, 14). Le premier
de ces textes fait venir les créanciers par concurrence : le second applique le principe général, et le
troisième semble donner la préférence au créancier
postérieur. Nous devons d'abord écarter la loi 7, § 1 ;
voici l'espèce qu'elle suppose. J'ai constitué deux
hypothèques : l'une générale sur les biens présents et
à venir, l'autre spéciale sur un fonds d'autrui, si
j'en deviens propriétaire. Marcellus et Ulpien déci-
dent qu'une fois le bien entré dans mon patrimoine
les deux créanciers viendront par concurrence. Et
qu'objecte le créancier à hypothèque spéciale? Peu
importe, dit-il au premier créancier, que le fonds
ait été acheté par notre débiteur avec l'argent qui
vous était hypothéqué? Le premier créancier,
n'aurait il pas dû répondre par l'argument bien sérieux résultant de la priorité de la convention? Le
silence des jurisconsultes à cet égard a fait penser
que les deux créanciers avaient reçu leur hypothèque

à la même date. Bien loin que le texte repousse cette interprétation, le premier membre de phrase : *si tibi quæ habiturus sim et Titio specialiter fundum*... semble au contraire la favoriser. Du reste, le jurisconsulte ne veut pas résoudre ici une question de priorité; il a en vue une question de privilége. Dans le *princ.* de la loi, il décide que les pupilles ont un privilége sur les choses achetées avec leur argent, et dans le § 1, il refuse ce privilège à celui auquel l'argent était hypothéqué sur les biens achetés avec cet argent. Remarquons enfin si Marcellus avait voulu établir un droit de concours entre deux hypothèques de dates différentes, combien serait futile l'argument qu'il mettrait dans la bouche du premier créancier, au cas où le fonds arriverait à titre gratuit dans les mains du débiteur.

Quant à la loi 28 (*De jure fisci*) elle suppose le fisc, créancier à hypothèque générale en conflit avec un autre créancier de même qualité, et elle donne la préférence au fisc. Selon quelques jurisconsultes, il y aurait ici l'application d'un privilége spécial au fisc: nous démontrerons plus loin que cette assertion n'est rien moins que prouvée, et que quand cette décision serait vraie, elle ne serait qu'une exception. Nous croyons que dans cette loi 28, le fisc a traité le premier avec le débiteur. Le mot *contraxerit* exprime bien le passé, et la dernière phrase *prævenit enim causam pignoris fiscus* marque aussi la priorité du fisc dans l'ordre des conventions.

Reste donc la loi 21 : le *princ.* suppose que Titius débiteur de Seia d'un reliquat de compte de tutelle, qui a donné hypothèque sur ses biens présents et à venir, Titius emprunte au fisc, consent à son profit la même garantie, paie une partie de sa dette à Seia, et pour le surplus fait novation avec elle en renouvelant l'hypothèque générale primitive. Qui aura la préférence et sur les biens présents de Titius et sur les biens qu'il a acquis depuis ? Scævola répond qu'il ne voit pas de raison pour ne pas donner la préférence à Seia.

En résumé, le droit romain applique encore à ce cas la règle : *potior tempore, potior jure.*

Cette même règle ne s'applique pas seulement au cas d'hypothèque conventionnelle, mais encore au cas de gage établi par ordre du préteur pour l'exécution d'une condamnation judiciaire, ainsi que nous l'atteste Ulpien, en la loi 10. *h. t.*

2° *Des effets de la priorité.*

Le créancier qui avait la priorité, jouissait de trois droits importants. Le premier était celui d'être payé sur le prix de l'objet avant tous les autres créanciers, et de prendre rang non seulement pour son capital, mais encore pour les intérêts. Loi 18, *h. t.* Ainsi j'hypothèque mon fonds à Titius, puis à Mævius. Titius aurala préférence même pour les intérêts courus depuis la convention de Mævius : c'est une conséquence évidemment exagérée du principe que l'accessoiresuit le sort du principal, et que notre Code a réduite dans de justes limites.

Le second droit du créancier préféré était le droit de se faire mettre en possession du bien hypothéqué, et d'en exiger la remise de tout détenteur, même d'un créancier hypothécaire postérieur. Les autres créanciers hypothécaires avaient, il est vrai, le même droit vis-à-vis de tout possesseur; mais ils avaient toujours à craindre l'action du créancier qui venait en premier ordre. L. 12, *pr. h. t.*

Le troisième droit, dont le premier créancier jouissait à l'exclusion de tout autre, était le droit de vendre la chose hypothéquée ou engagée : c'est le seul moyen par lequel les créanciers puissent s'assurer l'exercice du droit de préférence qui leur a été conféré. Les autres créanciers se trouvaient dans une position d'autant plus désastreuse, que la vente, consentie de bonne foi par le premier créancier, purgeait l'objet de toutes les hypothèques dont il pouvait être grevé. Leur seule ressource était de demander au premier créancier ce qui lui restait du prix : mais il était possible que ce créancier eût vendu la chose en temps inopportun, de manière à se désintéresser seul, et alors il ne restait plus rien ou presque plus rien pour les autres créanciers.

Ce droit de vendre la chose appartenait à tout créancier placé au premier rang, soit qu'il eût une hypothèque générale ou spéciale, soit qu'il se trouvât en face d'un créancier postérieur à hypothèque générale ou spéciale. Il eût été cependant bien équitable, quand un créancier à hypothèque générale primait un créancier à hypothèque spéciale, de forcer le premier à discuter les autres biens du débiteur, avant de s'attaquer au gage spécial du créancier postérieur : mais la loi 2, *h. t.* est formelle; elle laisse au premier créancier le droit de choisir le bien qu'il veut vendre, et s'il est en face de plusieurs créanciers postérieurs à hypothèque spéciale sur des biens différents, il pourra vendre son option ou son abstention.

Ce résultat fâcheux, qui tient à la nature même de l'hypothèque générale, et qui n'avait pas effrayé les jurisconsultes Romains, a soulevé dans notre droit de vives résistances, et il est peu de questions qui aient donné lieu à plus de difficultés et à plus de systèmes. Le droit romain lui-même y avait apporté quelques tempéraments. Nous voyons dans la suite de cette loi 2 que si le débiteur est convenu avec le premier créancier que celui-ci ne pourrait s'attaquer à certains biens qu'autant qu'il ne pourrait pas se payer entièrement sur les autres, cette condition venant à défaillir, le second créancier se trouvera sur les biens qui lui ont été affectés depuis, créancier unique et au premier rang. Cette convention avait pour but, on le voit, de conserver au débiteur un peu de crédit.

Ajoutons encore que dans un cas particulier les empereurs Sévère et Antonin ont cru devoir apporter à ce principe rigoureux une dérogation fondée sur l'équité : loi 2 (Code, *De pign. et hypoth.*, 8, 14). Un premier créancier a reçu hypothèque spéciale sur certains biens et hypothèque générale : si les biens engagés spécialement suffisent pour le désintéresser complétement, il ne peut enlever à un second créancier les biens sur lesquels celui-ci a reçu une hypothèque postérieure.

3. *Des exceptions à la règle : Prior tempore, potior jure.*

Notre règle souffre deux exceptions : La première a lieu, d'après la loi 12, § 4, *h. t.*, lorsqu'un second créancier traitant avec le débiteur, le premier créancier hypothécaire intervient à cette convention, et y donne son approbation : le jurisconsulte tire de cette circonstance la conséquence bien naturelle que ce créancier a entendu céder son rang au second créancier. Ce sera d'ailleurs une question de fait de savoir si le premier créancier a voulu ou abandonner complétement son droit d'hypothèque, ou seulement prendre la place du second créancier.

La deuxième exception s'applique à certains créanciers qui, bien que postérieurs en date, obtiennent cependant la préférence à raison de la cause de leur créance ou de leur condition particulière. Cette faveur est accordée non-seulement à quelques hypothèques tacites, mais encore à certaines hypothèques conventionnelles, en sorte que dans ces dernières l'établissement même du droit d'hypothèque suppose bien une convention; mais le droit de préférence s'y trouve ensuite attaché de lui-même et en vertu de la loi. Ces créanciers, dits hypothécaires privilégiés sont les suivants :

1° Les créanciers dont l'argent a servi au débiteur à acquérir, à reconstruire ou à conserver dans son premier état la chose hypothéquée à un autre, ont un droit de préférence sur cette chose pour la somme dépensée dans ce but et les intérêts, en supposant qu'ils aient eu soin de convenir expressément d'une hypothèque dans les cas où ils n'ont pas d'hypothèque tacite en vertu de la loi 1 (*ff. In quib. caus. pignus*, 20, 2). Ces décisions sont consacrées dans la loi 25 (*ff. De rebus creditis*, 12, 1), dans les lois 3, § 1, 5, et 6 de notre titre, et dans la loi 7 (*Qui potiores*, Code, 8, 18). La raison de ce privilége nous

est donnée par Ulpien : *Hujus enim pecunia sal-
vam fecit totius pignoris causam* : c'est son argent
qui a conservé le gage tout entier; il est donc juste
qu'il passe avant les autres créanciers.

2° Le pupille dont l'argent a été employé à l'acquisition d'une chose mobilière ou immobilière, a
sur cette chose, indépendamment de toute convention, une hypothèque préférable même aux hypothèques plus anciennes. Loi 7, *pr. h. t.* Loi 3, *pr.*
(*ff. De rebus eorum qui sub tutela*, 27, 9). Loi 6.
(*De servo pignori dato manumisso*, Code 7, 8). Cette
faveur toute spéciale au pupille, était fondée sur
l'incapacité où il avait été de stipuler une sûreté
spéciale.

3° Le fisc avait une hypothèque privilégiée soit
par les impôts arriérés, soit pour ses créances
contre un employé infidèle, loi 1 (*Si propter
publ. pensit.* Code 4, 46). Loi 3 (*De primipilo*,
Code 12, 63). Mais cette faveur doit-elle s'étendre à
ces créances ordinaires? Les lois 8 et 21, *pr. h. t.*
semblent être bien formelles pour la négative. Cependant des auteurs, en se fondant et sur une
constitution de Caracalla et sur la loi 28 (*De jure
fisci*), ont voulu lui accorder ce privilége. D'abord
la constitution dont on parle, n'a pas été retrouvée.
Ensuite cette loi 28 n'a pas, selon nous, le sens qu'on
veut bien lui donner. Voici, dit-on, l'espèce prévue

par cette loi : « Mon débiteur m'a hypothéqué tous ses biens présents et à venir : puis il a contracté avec le fisc ; il passera avant moi sur les biens qui ont été acquis depuis qu'il a reçu hypothèque. » Suivant nous, le jurisconsulte n'a pas ainsi posé l'espèce, et, ainsi que nous l'avons démontré plus haut, le fisc a contracté le premier, et il a la préférence en vertu de la règle générale. L'erreur du premier système nous paraît évidente. En effet, il serait singulier que le privilége qu'on veut accorder au fisc, ne portât que sur les acquisitions faites par le débiteur postérieurement à son hypothèque, et ne s'étendît pas aux biens antérieurs. Enfin le jurisconsulte avertit que sa décision est conforme aux constitutions impériales : nous croyons que la constitution à laquelle il fait allusion est la loi 2 (*De privil. fisc.* Code, 7, 73), qui ne donne aucun droit de préférence au fisc ; selon nous la seule faveur n'existant pas du temps de Scævola, et accordée au fisc du temps d'Ulpien, est le bénéfice de l'hypothèque tacite ; cela nous semble résulter des termes de la loi 21, *pr.* de Scævola, qui dit : *Postea mutuatus a fisco pecuniam, pignori ei res suas omnes obligavit*, tandis qu'Ulpien en la loi 28, dit : *Si qui... cum fisco contraxerit.* La loi 2, Code, se sert encore des mêmes termes.

4° Les femmes avaient, d'après la loi *Assiduis*, au

Code, sur les biens de leurs maris une hypothèque privilégiée, opposable même aux créanciers hypothécaires du mari, antérieurs au mariage. Cette sûreté exorbitante et justement critiquée a disparu dans notre Code.

5° Celui qui a un droit de superficie, peut l'hypothéquer ; mais le créancier ne sera payé sur le prix de l'immeuble qu'après le propriétaire du sol, auquel le superficiaire doit des redevances.

6° Un dernier cas où la règle reçoit exception est celui où deux créanciers ont reçu successivement hypothèque de deux personnes qu'ils croyaient propriétaires du bien hypothéqué, et qui ne l'étaient ni l'une ni l'autre. La loi 14 *in fine*, *h. t.* décide qu'on ne tient pas compte de la date des hypothèques ; mais que celui qui sera en possession sera préféré. Il en est de même lorsqu'une chose a été vendue à deux acheteurs de bonne foi par deux vendeurs non propriétaires. Loi 9, § 4, *in fine* (*ff. de Publiciana in rem act* 6, 2).

CHAPITRE II.

DE HIS QUI IN PRIORUM CREDITORUM LOCUM SUCCEDUNT.

L'hypothèque, droit réel accessoire, devrait, selon la rigueur des principes, s'éteindre avec le droit principal dont il garantit l'exécution ; mais cette conclusion eût souvent blessé l'équité : le droit romain ne l'a pas admise dans plusieurs cas que nous allons examiner.

SECTION I.

De la novation.

La novation est un mode d'extinction d'une créance par la formation d'une nouvelle obligation. Les accessoires utiles de cette ancienne créance, tels que les hypothèques et cautions qui en assuraient le recouvrement, doivent disparaître. Mais il est permis aux parties de stipuler que ces accessoires viendront s'attacher à la nouvelle créance, et que les hypothèques conserveront le rang qu'elles avaient d'après la convention primitive. Ce résultat ne peut blesser personne. Le débiteur aurait mauvaise grâce à s'en plaindre; les créanciers postérieurs en hypothèque, d'un autre côté, ne voient pas leur condition aggravée; car l'ancienne hypothèque qu'ils savaient bien être préférable à la leur, n'est jamais conservée que dans ses limites primitives.

Il fut donc reçu, toutes les fois que la novation avait lieu dans la personne du même débiteur, par changement de dette ou de créancier, de donner à la deuxième créance les hypothèques et le rang de la première; mais il fallut que le maintien en fût expressément convenu. Cette nécessité d'une réserve formelle est supposée dans tous les textes : la loi 3, *pr. h. t.* dit : *Novatione facta, pignora prioribus addidit* : les lois 12, § 5 et 21, *pr.* emploient des expressions analogues.

Quant à la novation résultant de la *litis contestatio*, on sait qu'elle ne faisait jamais perdre l'hypothèque, qui subsistait tant que le créancier n'avait pas été entièrement payé (loi 29, *ff. de noval.*, 46, 2) : il est évident qu'un créancier, en exerçant son action, n'entend pas aggraver sa position, mais au contraire l'améliorer.

SECTION II.

De la *successio in locum prioris creditoris.*

Nous avons vu plus haut quel intérêt il y avait pour un créancier hypothécaire à avoir le premier rang. On a pensé qu'il était juste et utile de donner à certaines personnes intéressées, et surtout aux créanciers hypothécaires postérieurs le moyen de s'assurer les avantages de la priorité, en prenant la place du premier créancier.

Notre droit désigne sous le nom général de subrogation les différents cas dans lesquels un tiers entre dans les droits du créancier qu'il désintéresse : les Romains exprimaient la même idée par ces mots : *successio in locum alterius, beneficium cedendarum actionum.* On peut distinguer cinq cas de *successio.*

1° De la successio opérée par le créancier.

Le créancier peut, quand il est remboursé par un tiers, lui céder ses actions contre le débiteur, et même, si le tiers qui le paie, est intéressé lui-même à l'acquittement de la dette, il peut forcer le créancier à lui faire cette cession. Nous traiterons de ce second cas dans le 5°. Nous ne parlons en ce moment que du cas où c'est un étranger qui paie une dette dont il n'était pas tenu, et qu'il n'avait pas d'intérêt d'acquitter. Le principe en cette matière est que le créancier n'est pas obligé, si bon lui semble, de lui céder ses actions, loi 5, (*de solut.* Code 8, 43) ; car il n'en a pas besoin, puisque rien ne l'oblige à payer. Si le créancier y consent, quel moyen va-t-il employer? Les jurisconsultes Romains n'admettent pas, dans leur rigoureuse logique, qu'une créance puisse être cédée directement ; alors le créancier constitue le cessionnaire *procurator in rem suam*, et celui-ci jouit de toutes les garanties attachées à la créance cédée, loi 6, (*ff. de hered. vel. act. vend.* 18, 4).

Rien n'empêche le créancier postérieur de faire cette opération : mais elle ne peut s'accomplir que du consentement du créancier antérieur.

2° De la successio opérée par le débiteur.

Il peut paraître étrange que le débiteur opère la subrogation : en réalité c'est la loi qui intervient ici pour autoriser le débiteur à disposer de ce qui ne lui appartient pas, et à transférer à un nouveau créancier, qui a fourni des fonds pour désintéresser un ancien créancier, les hypothèques de l'ancienne obligation. Les créanciers postérieurs ne peuvent se plaindre; le débiteur n'a fait que changer de créancier: le gage commun n'a pas été diminué.

Cette facilité pour le débiteur de changer un mauvais créancier en un créancier supportable a ses inconvénients : elle permet à ce débiteur de simuler un emprunt, d'obtenir une créance qu'il exercera sous un nom supposé. Pour y remédier autant que possible, le droit romain exigeait que le prêt eût été fait à la condition de payer le créancier, et d'être subrogé à sa place : telle est la décision de la loi 12, § 8, *h. t.* et de la loi 1 (*De his qui in priorum.* Code 8, 19).

Du principe que dans ce cas le débiteur est supposé accorder le droit d'hypothèque au nouveau créancier, la loi 2 (ff. *De pignor. act.* 13, 7), décide que, pour que cette convention produise son effet au profit du bailleur de fonds, il faut que le débiteur soit encore propriétaire des objets sur lesquels il veut transporter le droit hypothécaire.

Le consentement du débiteur est encore nécessaire au créancier postérieur qui veut user du moyen que lui offre la loi 12. § 9 : c'est de permettre au débiteur de vendre le bien sur lequel il a seul hypothèque, pour que le prix serve à désintéresser un créancier qui lui est antérieur sur un autre bien, et au rang duquel il succédera.

3° *Du jus offerendi au profit des créanciers hypothécaires.*

Nous avons vu que le premier créancier hypothécaire a seul le droit de vendre la chose hypothéquée : l'efficacité du droit des créanciers postérieurs dépend donc jusqu'à un certain point du caprice du premier, qui peut aliéner l'objet à un moment défavorable. La pratique devait chercher un moyen de remédier à cet inconvénient. Ce remède est le *jus offerendi.* Cette voie est ouverte seulement aux créanciers hypothécaires, et n'est plus subordonnée comme les deux premières, ni à la volonté du créancier qu'on vient écarter, ni à celle du débiteur.

Le créancier postérieur, à quelque rang qu'il soit (loi 16, *h. t.* v° *Plane quum Tertius...*), peut offrir au premier créancier tout ce qui lui est dû en capital et intérêts, et pour assurer son recours, la loi lui donne la place du créancier désintéressé. Celui qui a usé de ce droit est donc deux fois créancier hypothécaire, au rang de son ancienne créance, et en premier rang pour sa nouvelle créance, ce qui lui fait acquérir le *jus distrahendi.* Telle est la décision contenue dans la loi 11, § 4, *h. t.*... Si un créancier postérieur est prêt à payer au premier ce qui lui est dû, l'action hypothécaire lui appartiendra-t-elle, si le premier créancier ne veut pas recevoir son remboursement ? Gaïus décide que cette action est inutile au premier créancier : « car c'est parce qu'il l'a bien voulu qu'il n'est pas payé. » La loi 12, § 6, donne la même solution, en ajoutant qu'il aura aussi recours pour les intérêts qu'il aura payés au premier créancier : mais il ne pourra pas réclamer du débiteur les intérêts de ces intérêts, parce qu'il n'est pas ici un gérant d'affaires; mais il a agi pour lui-même et non pour le débiteur.

La *successio in jus*, résultant du *jus offerendi*, a lieu de plein droit, à la différence de ce qui se passe dans le bénéfice *cedendarum actionum* : le créancier postérieur n'a besoin de faire aucune réquisition. En effet, le paiement fait par lui ne peut guère s'expliquer que par le désir d'acquérir la place du premier créancier.

La loi 1 (*Qui potiores* Code, 8, 18) nous avertit que si le premier créancier refuse de recevoir son paiement, le créancier postérieur peut déposer régulièrement la somme : c'est la conséquence de ce principe que le *jus offerendi* peut être exercé malgré la volonté du créancier.

Ce droit appartient au créancier postérieur, même

à l'encontre du créancier qui a déjà acquis la propriété de la chose par une dation en paiement ou par une vente que lui a faite le débiteur (Loi 5, § 1 *De distrat. pign.* 20, 5. — Loi 1, *Si ant. credit.* Code 8, 20), même à l'encontre des cautions du débiteur, à qui le gage a été laissé à titre d'achat, en conséquence du paiement qu'elles ont fait pour lui (Loi 2 *de distract. pign.*), même à l'encontre d'un tiers acheteur du gage, mais seulement quand le débiteur à vendu ce gage sans le concours du créancier antérieur, quoiqu'il ait employé le prix à le satisfaire (Loi 3 § 1 *de distract. pign.*), et non lorsque le créancier antérieur a lui-même vendu régulièrement le gage, auquel cas toutes les hypothèques postérieures sont éteintes. (Loi 3, *de distract. pign.*)

Le second créancier qui a usé du *jus offerendi*, succède-t-il seulement à l'hypothèque du créancier désintéressé, ou acquiert-il en outre la créance de celui-ci, de telle sorte qu'il puisse exercer non-seulement l'action quasi-servienne, mais encore l'action personnelle de l'ancien créancier ? D'une part, les textes de notre titre semblent tous parler du rang : la loi 11 § 4 parle positivement de l'action hypothécaire. Cependant plusieurs textes me font adopter l'opinion contraire : la loi 3 (*De his qui in priorum*, Code 8, 19) dit en parlant du fisc : *privilegio ejus successisti.* et la loi 4, *potestas est ut succedas in jus reipublicæ.* Du reste, il me semble que les jurisconsultes romains n'avaient pas sérieusement discuté la question, et ne s'étaient pas prononcés formellement; c'est du moins ce qui me paraît résulter des textes assez ambigus qui nous sont parvenus.

Le *jus offerendi* appartenant à tous les créanciers postérieurs, il peut s'élever un conflit entre eux, si plusieurs offrent en même temps, ou si après que l'un a acquis le premier rang, un autre veut user vis-à-vis de lui du même droit. Comment régler ce concours? La loi 20 *h. t.* peut nous donner une solution : en voici l'hypothèse : Primus a hypothèque pour 20 sur un immeuble : le débiteur emprunte à Seius une nouvelle somme de 40, et hypothèque la plus-value du même immeuble. Plus tard Primus prête encore 30 sur le même immeuble. Le jurisconsulte se demande si, après le paiement des 20 fait à Primus sur le produit de la vente de l'immeuble, le surplus doit appartenir à Seius ou à Primus, et il décide que cette plus-value sera affectée à Seius, et pourquoi? Voici le motif de Tryphoninus. Supposez que Seius soit prêt à payer à Primus les 20, montant de sa première créance, alors il est conforme aux principes de décider que Seius aura la préférence pour la plus-value de l'immeuble, et que s'il offre au premier créancier sa première créance et les intérêts, il primera le premier créancier pour la somme que celui-ci a prêtée depuis au même débiteur.

Ce texte prouve que Seius, placé entre deux hypothèques du même créancier, peut user du *jus offerendi* à l'égard de la première créance. Mais alors une fois que Seius a ainsi acquis le premier rang au préjudice du créancier postérieur, celui-ci n'a-t-il aucun moyen d'acquérir le droit de vendre ? La loi romaine est muette : mais son esprit nous autorise à décider qu'il pouvait user du *jus offerendi*, en remboursant à Seius et à la somme par lui payée au premier créancier, et sa créance personnelle.

Donc tout créancier postérieur, à quelque rang qu'il soit, peut exercer le *jus offerendi*, et s'il y a conflit dans l'exercice de ce droit, la préférence se règle suivant l'ordre des rangs.

Nous avons toujours supposé jusqu'à présent que le *jus offerendi* était exercé par un créancier postérieur. Mais le premier créancier ne pourrait-il pas user de ce droit vis-à-vis d'un créancier postérieur, s'il y avait intérêt, par exemple, si celui ci voulait lui contester son droit de priorité ? Malgré l'opinion contraire de quelques auteurs, je crois qu'il le peut : cela résulte avec évidence d'un passage des Sentences de Paul, liv. 2, tit. 13, § 8.] « Le premier créancier peut, s'il le veut, rembourser un deuxième créancier, bien qu'il lui soit préférable dans le rang de son hypothèque. » Certains textes des Pandectes et du Code y font même allusion : ce sont les lois 1 *de distract. pign.* Dig., et la loi 5 *Qui potiores* Code.

Nous avons vu qu'un créancier postérieur doit payer le premier créancier hypothécaire, s'il veut prendre sa place et passer avant les créanciers intermédiaires : mais le même résultat aura-t-il lieu, lorsqu'au lieu de payer le premier créancier, un créancier postérieur se sera contenté de faire juger que lui-même est préférable à ce créancier? Telle est la question que se propose Paul dans la loi 16 *h. t.* Trois créanciers ont reçu successivement hypothèque, Eutychiana, Turbo et Tertius. La première, cherchant à faire reconnaître son droit contre Tertius a succombé, et n'a pas appelé. Turbo agissant à son tour contre Tertius, a aussi succombé, mais il a appelé, et devant le juge d'appel, se présente la question. Tertius devra-t-il l'emporter sur Turbo, parce qu'il l'a emporté sur Eutychiana, qui est préférable à Turbo, ou bien celle-ci étant écartée, Turbo doit-il exclure Tertius ? Ce qui pourrait faire croire que Tertius doit l'emporter, c'est que, dans le cas où il aurait remboursé Eutychiana, il passerait sans contredit avant Turbo, Paul répond qu'on ne peut assimiler les deux cas, et qu'il ne faut pas appliquer ici cette décision. En vertu du principe de l'autorité toute relative de la chose jugée, Tertius ne peut pas se prévaloir contre Turbo d'un jugement où celui-ci n'a pas été partie, de même que si Turbo avait vaincu Tertius, après que celui-ci a vaincu Eutychiana, Turbo ne pourrait opposer son jugement à celle-ci. Donc le troisième créancier n'a pas pris la place de celui qu'il a écarté, et le second créancier conserve son droit entier, sans préjudice de la première sentence.

Mais voici ce qui va arriver lorsqu'on voudra distribuer le prix du bien hypothéqué. Si on veut payer Eutychiana, Tertius se présentera et voudra passer avant elle, en vertu du premier jugement devenu définitif. Mais arrivera Turbo, qui est deuxième créancier et veut passer avant Tertius. Celui-ci devra alors céder la place à Turbo. Eutychiana réclamera alors la priorité contre Turbo et l'évincera. Tertius reviendra de nouveau contre Eutychiana. Il semble que la difficulté est insurmontable. Cependant il y a deux moyens de sortir d'embarras.

D'abord il est possible que le premier procès ait simplement jugé que Eutychiana n'avait pas la préférence, et ne pouvait pas revendiquer le gage contre Tertius. Plus tard, Tertius est vaincu par Turbo, qui doit lui-même céder le pas à Eutychiana. Ter-

tius revient alors, et veut opposer le premier jugement rendu entre elle et lui. Mais la première créancière lui répond : ce qui a été jugé entre nous, c'est
ce que je ne pouvais pas établir mon droit de priorité,
mais aujourd'hui c'est une autre question : c'est
moi qui suis en possession du gage, c'est à vous de
prouver que vous m'êtes préférable. Si Tertius
échoue dans cette preuve, Eutychiana aura à l'égard
de tous le premier rang.

Si, au contraire, il a été jugé définitivement que
Tertius avait la priorité sur Eutychiana, voici comment se feront les collocations : A l'égard de Turbo,
Eutychiana doit être payée la première; mais comme
elle est primée par Tertius, c'est lui qui prendra sa
collocation, et qui viendra ensuite au troisième rang
pour sa propre créance ; et s'il restait encore quelque
chose, ce serait pour Eutychiana.

3° *Du jus offerendi au profit du tiers détenteur.*

Lorsqu'un tiers achète un bien hypothéqué, et
désintéresse soit un, soit plusieurs créanciers hypothécaires, l'hypothèque n'en continue pas moins de
subsister sur le bien au profit des créanciers hypothécaires non désintéressés, dont le gage est alors
confirmé par la mise hors de cause des créanciers
qui les primaient. Le créancier qui est monté au
premier rang, va donc exercer l'action quasi-servienne contre le détenteur, et le déposséder. Ce ré-

sultat serait désastreux pour cet acquéreur, qui perdrait ainsi et sa chose et son prix. Aussi la loi lui permet-elle de ne payer le créancier qu'à la condition de prendre sa place, et d'écarter par ce moyen l'action des créanciers postérieurs. Ce *jus offerendi* appartient à quiconque possède la chose, à quelque titre que ce soit : c'est la décision de la loi 12, § 1 (*Quib. modis pignus*). Les créanciers qui exercent l'action hypothécaire, peuvent être écartés par l'offre de tout possesseur, quel qu'il soit : car on ne doit pas s'enquérir du droit que peut avoir le possesseur, puisque le droit du créancier est écarté par la libération du gage.

Le créancier hypothécaire postérieur peut lui-même, en achetant le fonds hypothéqué du débiteur, user du *jus offerendi* vis-à-vis d'un créancier qui lui est préférable, et prendre sa place. « Le créancier qui a acheté de son débiteur l'immeuble déjà hypothéqué à un autre, nous dit Paul en la loi 17, doit être protégé jusqu'à concurrence du prix qu'il a payé à ce créancier.» Mais il y a une différence importante à signaler entre ce second cas et le premier. Quand c'est un tiers acquéreur qui a payé un premier créancier de ses deniers, il est nécessaire qu'il requière formellement la cession des droits de ce créancier : c'est ce qui résulte *a contrario* de la loi 12, § 1. « Si le possesseur refusant d'obéir à l'*arbitrium* du juge, s'est laissé condamner et a payé, l'objet reste-t-il hypothéqué au second créancier comme si le montant de la dette avait été payé au premier créancier? Marcien pense qu'il faut le décider ainsi. » Donc, dans ce cas l'acquéreur n'ayant pas stipulé la cession, ne prendra pas la place du premier créancier. Au contraire, quand c'est un créancier hypothécaire acquéreur du gage qui paie un créancier antérieur à lui, la *successio* a lieu de plein droit à son profit : la preuve en est dans la loi 17, que nous venons de citer. Du reste, dans les deux cas, l'acquéreur peut forcer le créancier à recevoir son paiement, et à le subroger dans ses droits (Loi 19).

On peut se demander si en payant avec *successio*, ce détenteur acquiert la créance du créancier désintéressé, ou seulement le droit de repousser par voie d'exception la poursuite des autres créanciers hypothécaires? L'intérêt de la question est grand ; car s'il acquiert la créance, il pourra agir contre les autres immeubles hypothéqués à ce créancier pour cette dette qu'il vient de rembourser. Plusieurs textes semblent n'admettre à son profit qu'une exception. (L. 3, *De his qui in prior.*Code) : mais la véritable solution est, selon nous, dans la loi 19, *in fine*: *Quœro an si ei justus possessor offerat, compellendus sit jus nominis cedere*? Ces derniers mots ne laissent aucun doute. Les textes qui semblent contraires, statuent sur le cas le plus général, où il n'y avait qu'un immeuble hypothéqué à la dette.

Nous avons pu remarquer que nos textes n'exigent pas pour la validité de la *successio*, que l'acquéreur paie avec le prix de son acquisition. C'est cependant la doctrine de l'art. 1251 §, 2, du C. N. Mais cette modification n'est qu'apparente : car tout détenteur qui paie des créanciers hypothécaires, soit avec son argent, soit avec le prix qu'il doit, est subrogé en vertu du § 3 du même article.

5° *Du bénéfice cedendarum actionum.*

Lorsque plusieurs personnes sont tenues *in solidum* de la même dette, et qu'une d'elles est forcée de payer le tout au créancier, elle peut avoir dans certains cas un recours à exercer contre ses codébiteurs : aussi le fidéjusseur ou le *mandator pecuniæ credendæ* qui paie a un recours contre le débiteur principal : de même le débiteur solidaire a recours contre son codébiteur. Ce recours a lieu par l'action *mandati contraria, negotiorum gestorum* ou *pro socio*, c'est-à-dire par le moyen d'une simple action personnelle. Et même le fidéjusseur qui a payé, n'a pas recours contre son cofidéjusseur, dont il n'a pas fait l'affaire, ni le *reus promittendi* contre son *correus* avec lequel il n'était pas *socius*.

Il y a là deux injustices : 1° Celui qui a payé, ne peut pour son recours, user des accessoires utiles de la créance payée, tels qu'hypothèque et privilége, et il est exposé au danger de l'insolvabilité de ses codébiteurs ; 2° Il était inique de ne pas accorder de recours au fidéjusseur, contre ses cofidéjusseurs, ni au *reus promittendi* contre son *correus non socius*. Le bénéfice *cedendarum actionum* fut inventé. Celui qui paie peut, en désintéressant le créancier, l'obliger à lui céder ses actions, soit contre le débiteur principal ou les cofidéjusseurs, soit contre ses *correi*. « Cette obligation du créancier de céder ses actions, dit Pothier, est fondée sur cette règle d'équité, qu'étant obligés d'aimer tous les hommes, nous sommes obligés de leur accorder toutes les choses qu'ils ont intérêt d'avoir, lorsque nous pouvons les leur accorder sans qu'il nous en coûte rien. »

Et tout d'abord nous avons à répondre à une objection, qui se présente assez naturellement à l'esprit lorsqu'on étudie le bénéfice *cedendarum actionum*, ou chez nous la théorie du paiement avec subrogation. On se demande comment il est possible que, relativement aux mêmes droits de créance, il y ait tout à la fois paiement fait au créancier et cession par lui consentie. Si le créancier a été payé, ses droits sont par là même éteints : comment donc peuvent-ils encore être cédés, puis exercés par le cessionnaire ? Papinien répond clairement à cette question dans la loi **21** *De tutelæ et ration.* (ff. 27, 3). » Un pupille a fait condamner *in solidum* un de ses tuteurs, et lui a cédé son action *tutelæ* contre l'autre tuteur : bien que la condamnation soit ensuite exécutée, l'action cédée ne périt pas. En effet, pour la part du tuteur non condamné, on considère que ce n'est pas le compte de tutelle qui a été payé, mais le prix de cession de la créance. »

Nous devons distinguer, à propos de ce bénéfice, si les codébiteurs sont tenus vis à vis du créancier d'une action *bonæ fidei*, ou s'ils sont tenus d'une *condictio* : dans le premier cas, nous dirons que l'obligation est simplement solidaire, tandis que dans le second, il y a corréalité. Entre ces deux classes de débiteurs il y a des différences importantes, soit au point de vue du bénéfice de division, soit au point de vue de l'effet de la *litis contestatio* : nous avons à rechercher ces différences au point de vue du bénéfice *cedendarum actionum.*

1° *De la simple solidarité.* C'est surtout à propos des tuteurs que les jurconsultes romains ont exposé les règles sur ce bénéfice : mais il est incontestable qu'il faut généraliser ces décisions, et les étendre à tous autres débiteurs tenus solidairement d'une action de bonne foi ou d'une action *in factum.*

La cession que le débiteur solidaire peut exiger du créancier qui le poursuit, se réalise, comme la cession volontaire, au moyen d'un mandat. Seulement, comme le bénéfice *cedendarum actionum* a été introduit par un sentiment d'équité, nous déciderons qu'une division doit s'opérer entre tous les obligés, et que celui qui a payé, ne pourra recourir contre chacun des autres que pour sa part. De même, si l'un d'eux est insolvable, sa part doit se répartir entre tous les autres, et ne pas rester exclusivement à la charge de celui qui a payé.

Qu'arriverait-il, si le créancier qui poursuit *in solidum* l'un des débiteurs. s'était mis hors d'état de lui faire une cession efficace, si, par exemple, il avait consenti un pacte *de non petendo* à l'autre débiteur ? Le débiteur pourra lui répondre qu'il y avait entre eux des obligations réciproques, et que lui créancier était obligé d'après la bonne foi à ne rien faire qui pût mettre obstacle à son recours : en conséquence il ne lui devra que la portion pour laquelle il n'avait pas de recours à espérer. Telle est la doctrine de Papinien à la loi 95, § 11, *de solut* (ff. 46, 3) : il suppose que sur le mandat de Titius, j'ai prêté 100 f. à un tiers. Je succombe contre l'emprunteur. Puis-je me faire indemniser par le *mandator ?* Non, je ne puis rien lui demander : car il m'est désormais impossible de lui faire une cession sur laquelle il avait droit de compter, et qui lui eût permis de recourir pour la totalité de la dette.

Le débiteur solidaire peut-il indéfiniment réclamer du créancier la cession de ses actions? Nous savons que quand plusieurs personnes sont tenues *in solidum*, la circonstance que l'une d'elles a été poursuivie, ne libère point les autres. Aussi voyons-nous dans plusieurs textes que le débiteur solidaire, même après la *litis contestatio* et la sentence, peut sous forme d'exception réclamer la cession.

Mais une fois le créancier désintéressé, le débiteur peut-il encore invoquer le bénéfice *cedendarum actionum*? Il faut ici faire une distinction. S'il s'agit de dettes tellement distinctes que même le paiement de l'une n'éteint pas l'autre, il faut admettre l'affimative : ainsi c'est un *mandator* qui paie le créancier; il se libère par là de son obligation de mandant, m ais il ne libère pas l'emprunteur de la *condictio*, qu'il peut se faire céder. Mais s'il s'agit d'une dette unique, par exemple, si l'un de plusieurs tuteurs ou de plusieurs *mandatores* a payé le créancier, il ne peut plus demander la cession contre les autres : telle est la décision de la loi 76 *de solut.*, sur laquelle Dumoulin a vainement essayé d'établir que la subrogation avait lieu de plein droit. Toutefois dans le cas où le débiteur solidaire a payé après des poursuites exercées contre lui, la jurisprudence romaine est arrivée à sous-entendre la cession, et à lui accorder comme action utile l'action du créancier. Au contraire celui qui vient payer spontanément, (tel le cas de la loi 76), a dû réfléchir à l'acte dont il prend l'initiative : tant pis pour lui s'il s'est présenté comme voulant éteindre l'action, et non comme voulant se la faire céder.

2° *De la corréalité.* — Les mêmes règles sont-elles applicables ici? Et d'abord le créancier qui poursuit pour le tout l'un des *rei promittendi* peut être forcé de lui céder ses actions contre les autres. Cela résulte, en ce qui concerne les cofidéjusseurs, de la loi 17 *fidej.* (ff. 46, 1), et en ce qui concerne les *rei promittendi*, de la loi 65 *de evictionibus.* (ff.   ).

Dans cette dernière loi, nous voyons aussi que c'est au moyen de l'exception *doli mali* que le *reus promittendi* obtient la cession des actions du créancier. Mais ici se présente une difficulté : l'exception est insérée dans la formule par le magistrat pour être appréciée par le juge. Or, une fois qu'il y a eu *litis contestatio* entre le créancier et un des *correi*, l'action contre l'autre est nécessairement éteinte : comment peut-on parler d'en effectuer la cession ? Voici probablement ce qui avait lieu : si le créancier demande le paiement à Primus, et qu'il refuse la cession sans juste cause, le magistrat refusera la formule. S'il y a doute sur la question de cession, le magistrat délivrera une formule avec une exception : si le juge reconnaît le dol du créancier, il absou-

dra le défendeur : si au contraire le débiteur récla-
mait à tort une cession, l'exception n'étant pas jus-
tifiée, il y aura condamnation. Mais il n'en reste pas
moins certain qu'une fois la *litis contestatio* intervenue, la cession est devenue impossible.

Nous avons vu qu'un débiteur solidaire peut, lorsque le créancier ne peut plus lui céder ses actions,
se dispenser de payer au-delà de la part qu'il devait supporter en définitive : c'est qu'ici le créancier
était tenu d'une obligation corrélative à celle du débiteur solidaire. Au contraire, la corréalité déri-
vant d'un acte unilatéral, le créancier ne contracte
pas d'obligation, et n'est pas tenu de conserver ses
actions : toutefois, s'il y avait un dol manifeste de
sa part, le juge, investi par l'exception de dol d'un
pouvoir d'appréciation, pourrait absoudre le défendeur.

Lorsqu'un débiteur solidaire poursuivi, a payé
sans avoir eu soin de se faire céder les actions du
créancier, nous savons qu'on est arrivé à sous-entendre la cession, et à lui accorder une action utile
contre ses codébiteurs. Il ne paraît pas qu'on ait
admis une telle faveur pour les *rei promittendi* tenus d'une *condictio*. Les lois 39 *De fidej*. et 62, *pr*.
Ad. leg. Falcid. (ff. 35, 2), le montrent avec évidence. Toutefois, il est permis de conjecturer de
certaines constitutions (loi 2, *De duobus reis*, C. 8, 40),

qu'on avait aussi fini par créer à leur profit une action utile.

En définitive, les différences, assez tranchées d'a-bord entre les codébiteurs tenus d'une action de bonne foi et ceux tenus d'une *condictio*, se sont peu à peu effacées, et sauf quelques points tenant plutôt à la forme qu'au fond du droit, la condition des uns et des autres, au point de vue du bénéfice *cedendarum actionum*, a été assimilée. Telle était l'influence de l'esprit d'équité qui faisait disparaître peu à peu les rigueurs surannées du droit romain, et tendait à les remplacer par des règles plus en harmonie avec le droit naturel.

DROIT FRANÇAIS.

DE LA SUBROGATION

A l'hypothèque légale de la femme mariée.

INTRODUCTION HISTORIQUE.

Le législateur a mis la femme sous la protection
du mari, et l'a soumise à l'obéissance envers lui.
Il a voulu par là faire régner entre les époux l'harmonie et une confiance sans bornes, et voulant
éviter à la femme la pénible nécessité de réclamer
du mari des garanties pour la conservation de la
fortune qu'elle lui apporte, et qu'il devra restituer
un jour, garanties qu'on n'eût pas songé à demander le plus souvent, et qu'en tous cas on se serait bien
gardé de demander avant le mariage, il a pris ses
intérêts sous sa sauve-garde, en lui accordant une

hypothèque qui lui donne des sûretés plus fortes encore que celles que pourrait prendre le créancier le plus vigilant. En effet, ici, l'hypothèque résulte de la loi d'une manière principale et directe en ce sens qu'elle existe de plein droit au profit de la femme indépendamment de toute manifestation de la volonté, par le créancier, d'obtenir cette sû-reté, et, par l'obligé, de la consentir.

Il faut remonter au droit romain pour trouver l'origine de l'hypothèque légale qui appartient à la femme sur les biens de son mari. A l'origine on lui avait accordé, pour assurer ses reprises dotales, non pas une hypothèque, mais un simple privilége, qui ne lui donnait le droit de primer que les créanciers chirographaires. Justinien augmenta d'une manière notable les sûretés de la femme mariée. D'abord il établit à son profit une hypothèque légale limitée du reste, comme l'était autrefois le privilége, à la garantie de la restitution de la dot; puis, il étendit le bénéfice de cette hypothèque aux créances paraphernales de la femme; enfin par une constitution célèbre, qui a été l'objet de nombreuses et justes critiques, il voulut que l'hypothèque de la femme, en tant qu'elle assure le recouvrement de la dot, fût privilégiée, c'est-à-dire eût le pas sur toutes les hypothèques, même constituées antérieurement au mariage.

Notre ancienne jurisprudence française admit presque universellement une hypothèque légale, mais non privilégiée au profit de la femme mariée ; il était alors important de distinguer s'il avait été fait ou non un contrat de mariage notarié. Dans le cas où il en existait un, comme les actes notariés avaient par eux-mêmes la puissance de conférer une hypothèque générale, l'hypothèque au profit de la femme résultait de ce contrat et prenait rang, suivant le droit commun, à sa date. Donc en ce cas, aucune faveur spéciale n'était accordée à la femme. Au contraire l'hypothèque légale proprement dite apparaissait en l'absence de contrat : alors elle était appelée tacite, parce que la loi seule la produisait sans aucun titre, et elle n'avait de rang qu'à la date de la célébration du mariage.

Dans le droit intermédiaire, l'hypothèque légale de la femme mariée subsista sans interruption. L'art. 17, de la loi du 9 messidor an III, prononçait, il est vrai, la suppression de toutes les hypothèques tacites : mais cette loi, suspendue par divers décrets postérieurs, ne fut en réalité jamais exécutée, si ce n'est dans quelques dispositions purement réglementaires. La loi du 11 brumaire, an VII, consacrait cette hypothèque, mais elle la soumettait, comme toutes les autres, à la grande règle de la publicité, dont elle avait fait le droit commun de la France en matière d'hypothèque. Quant au privilége de la loi *Assiduis*, il n'en est plus fait aucune mention.

Le Code Napoléon a, lui aussi, suivi la tradition, en maintenant l'hypothèque légale de la femme mariée ; mais contrairement à la loi de brumaire, le législateur de 1804, prenant en considération l'état de dépendance où la femme se trouve durant le mariage, et l'espèce d'impossibilité morale où elle est de veiller à ses intérêts et de les défendre, quand ils sont en opposition avec ceux du mari, a décidé que cette hypothèque existerait et prendrait rang indépendamment de toute inscription.

Cette hypothèque générale qui frappe tous les biens présents et à venir du mari et qui existe indépendamment de toute publicité, porte incontestablement une grave atteinte au crédit du mari : elle détourne de lui bien souvent les acquéreurs et les prêteurs. La pratique a dû chercher un remède capable de raffermir le crédit du mari et de rassurer les tiers contre les effets d'une hypothèque d'autant plus menaçante que jusqu'au dernier jour, jusqu'à la liquidation de la société conjugale les droits et créances qu'elle garantit, peuvent être inconnus ou indéterminés. Ce remède est la subrogation à l'hypothèque légale, qui a du reste ses sources dans le droit romain et dans l'ancien droit. En droit romain le créancier hypothécaire pouvait donner en gage son hypothèque, et établir ainsi un sous-ordre. Dans notre droit coutumier, on avait aussi adopté la maxime *pignus pignori dari potest*, mais en ce sens que les sous-créanciers intervenaient à l'ordre ouvert sur le prix de l'immeuble saisi, afin de se faire colloquer aux lieu et place du premier créancier, d'après leur rang d'hypothèque. Tel était le sous-ordre, dont la femme autorisée du mari, pouvait faire usage pour rendre du crédit à celui-ci.

Aujourd'hui il ne reste point de vestiges de cette ancienne procédure. L'art. 778, C. Proc., (art 775 de la loi nouvelle) décide que le montant de la collocation du débiteur sera distribué comme chose mobilière entre tous les créanciers inscrits ou opposants avant la clôture de l'ordre, et proclame formellement le principe : Hypothèque sur hypothèque ne vaut. Le législateur a voulu sans doute éviter les complications nombreuses qui se produisaient dans le règlement des sous ordres. Mais alors que va faire le créancier hypothécaire qui pour trouver du crédit veut offrir en garantie un droit de préférence immobilier ? Sans nul doute, il peut donner en gage sa créance hypothécaire. Mais ce moyen peut ne pas lui convenir, toutes les fois que son intention est de ne concéder à son créancier qu'une collocation en sous ordre, et non des droits de poursuite personnelle.

Aussi la pratique a-t-elle imaginé un tout autre expédient; au lieu d'hypothéquer son hypothèque, on la cède, on y subroge. C'est surtout quant à l'hypothèque légale des femmes que cette subrogation est passée dans les habitudes de la pratique moderne. La femme intervient et cède à celui qui traite avec son mari les sûretés hypothécaires qu'elle tient de la loi, ou elle les abdique en y renonçant en faveur de ce tiers. Par là, les tiers reprennent toute sécurité, et ils traitent avec le mari sans crainte de voir leur gage absorbé par l'hypothèque de la femme.

Le silence du Code, sur ce point important, avait soulevé de nombreuses difficultés, sur lesquelles la jurisprudence avait dû se prononcer, en se fondant uniquement sur les principes généraux de notre droit. Mais ces principes étaient insuffisants, et ne pouvaient parer à tous les dangers qui résultaient pour la femme et les tiers d'une telle opération. Il y avait là une lacune, que les jurisconsultes avaient depuis longtemps signalée à l'attention du législateur, et que l'art. 9 de la loi du 23 mars 1855 n'est venue combler qu'en partie. Nous devrons signaler d'abord dans le cours de ce travail les inconvénients que cette loi a fait disparaître, mais nous aurons aussi à regretter que le législatenr de 1855 ait été aussi laconique sur une matère qui est entrée si profondément dans la pratique moderne, et ait laissé

planer l'incertitude sur une foule de questions qui
ne seront qu'une source hélas ! trop féconde de procès, et que la jurisprudence seule devra résoudre,
en l'absence d'un texte positif.

Art. 9. « Dans les cas où les femmes peuvent céder leur hypothèque légale ou y renoncer, cette
cession ou cette renonciation doit être faite par acte
authentique, et les cessionnaires n'en sont saisis à
l'égard des tiers que par l'inscription de cette hypothèque prise à leur profit, ou par la mention de la
subrogation en marge de l'inscription préexistante.

Les dates des inscriptions ou mentions déterminent
l'ordre dans lequel ceux qui ont obtenu des cessions
ou renonciations exercent les droits hy pothécaires
de la femme. »

Cet article prévoit deux manières pour une
femme d'altérer son hypothèque légale : la cession et
la renonciation. Il en existe deux autres qui ren-
trent dans l'esprit, sinon dans la lettre de cet article :
c'est la cession d'antériorité et la cession de la
créance. Ces diverses opérations peuvent intervenir,
soit en faveur d'un créancier de la femme ou du
mari, soit en faveur d'un tiers acquéreur : nous
devrons distinguer ces deux hypothèses, qui amè-
nent des résultats différents. Nous parlerons d'abord
des diverses conventions qui peuvent intervenir
entre la femme et un créancier, sauf à traiter dans

un chapitre spécial des effets des mêmes conventions intervenues entre elle et un tiers acquéreur.

CHAPITRE I.

DE LA CESSION DE L'HYPOTHÈQUE LÉGALE.

Le mot subrogation présente l'idée d'une chose ou d'une personne mise aux lieu et place d'une autre : dans notre matière, la subrogation est donc la substitution du créancier subrogé dans l'hypothèque légale de la femme : en d'autres termes, la femme, tout en conservant sa créance, cède son hypothèque à une personne qui a une créance contre elle ou contre son mari : une créance, qui était hypothécaire, celle de la femme, devient simplement chirographaire, et l'hypothèque va s'adjoindre à une autre créance qui au contraire cesse d'être chirographaire pour devenir hypothécaire. Au premier abord, cette opération frappe l'esprit par ce qu'elle a d'étrange : on a peine à comprendre qu'un droit accessoire, tel que l'hypothèque, puisse être cédé indépendamment du droit principal, de la créance que cet accessoire garantit. On conçoit bien, au point de vue passif, la présence de deux débiteurs d'une créance hypothécaire, l'immeuble représenté par son possesseur et le débiteur soumis à l'action personnelle : mais comment admettre le même résultat au point de vue actif, à savoir que l'hypothèque cédée, il y aura maintenant deux créanciers, l'un hypothécaire, l'autre devenu simple chirographaire? Ces considérations ont frappé d'excellents esprits, qui se sont refusés à admettre la validité d'une telle convention. » La relation qui existe entre une hypothèque et la créance est tellement intime, ont dit ces auteurs, que l'hypothèque ne peut être considérée comme ayant une existence propre qui permette de la séparer de la créance à laquelle elle est attachée pour la joindre à une autre. » C'est même cette idée qui paraît avoir dominé les législateurs qui se sont occupés à plusieurs reprises de la réforme hypothécaire. Lors de l'enquête administrative ouverte en 1841, les facultés de Caen et de Strasbourg se prononcèrent formellement contre une telle convention. En 1849, le projet du gouvernement qui avait admis la cession d'hypothèque, fut vivement attaqué en ce point et par M. Bethmont au nom du Conseil d'État, et par M. de Vatimesnil, comme organe de la commission de l'Assemblée législative. Une pareille cession, disait-on, ne se conçoit pas : elle est contraire aux principes et sujette à de graves inconvénients.

Mais au fond ces opinions n'étaient pas fondées. D'abord elles étaient contraires à la tradition : la très ancienne doctrine s'était occupée de la cession d'hypothèque, et on avait reconnu en général qu'il n'y avait pas indivisibilité entre l'hypothèque et la créance. Il n'y a en effet rien d'illogique à faire passer un droit accessoire d'une obligation principale à une autre obligation principale. C'est si vrai qu'au cas de novation par changement de dette, il est parfaitement permis de réserver par convention spéciale les priviléges et hypothèques de l'ancienne créance. (Art. 1278.) D'ailleurs aucune loi ne prohibant la cession d'hypothèque, ce droit qui en somme est purement pécuniaire, ne peut être mis hors du commerce; il est, comme le disait la Cour de Bourges (20 juillet 1832), susceptible de toutes les stipulations. C'est le cas d'appliquer l'adage. « Qui peut le plus peut le moins. » Quant à l'objection, qui consiste à dire que la subrogation à l'hypothèque reproduit l'ancien sous-ordre de notre droit coutumier, elle n'est pas fondée : car il y a des différences bien tranchées entre l'ancien et le nouveau système. En effet, toute cession d'hypothèque sans la créance est nécessairement conventionnelle, tandis que l'hypothèque de l'hypothèque pouvait avoir lieu jadis par la seule force de la loi, ou par l'effet des jugements. En outre, la cession de l'hypothèque n'était, sous l'empire du Code, assujettie à aucune formalité spéciale, tandis que la validité des hypothèques est en principe subordonnée à l'existence d'une inscription. Enfin, dira-t-on que la cession engendre des inconvénients, que celui qui a une hypothèque sur plusieurs immeubles, peut, tout en conservant sa garantie sur l'un d'eux, trafiquer de son droit sur les autres au préjudice des tiers ? Nous répondrons que la convention de subrogation ne peut en rien altérer la constitution primitive de l'hypothèque, dont les limites ne seront ni élargies ni étendues, et que si la créance en vue de laquelle elle a été constituée s'éteint, l'hypothèque s'éteindra avec elle.

Du reste, la pratique n'avait jamais élevé le moindre doute sur la validité de cette convention, et la jurisprudence, en comprenant toute l'utilité, n'avait pas manqué de la sanctionner. Quoi qu'il en soit, tous ces doutes doivent aujourd'hui disparaître devant le texte formel de l'art. 9, qui a eu en vue le cas le plus fréquent, celui de la cession de l'hypothèque de la femme. Et de là nous conclurons qu'à plus forte raison les autres titulaires d'une hypothèque peuvent la céder également : car le doute, s'il avait dû s'élever, se serait d'abord produit à l'égard de la femme qu'on aurait pu regarder comme moins libre de disposer de son hypothèque.

La validité de la convention étant établie et législativement consacrée, il nous reste à nous demander au profit de quelles personnes elle peut avoir lieu, et ensuite à en déterminer les effets.

Et d'abord la subrogation ou cession de l'hypothèque légale peut avoir lieu en faveur de tout créancier, soit du mari, soit de la femme, que la créance du cessionnaire soit hypothécaire ou simplement cédulaire : c'est donc bien à tort que l'un des commentateurs de la loi de 1855 a voulu soutenir que la cession ne vaudrait pas, si le créancier n'était que chirographaire. C'est là une confusion manifeste avec la cession d'antériorité, que nous examinerons plus loin : dans cette dernière opération, il faut que le créancier cessionnaire ait déjà un rang pour être en mesure de l'échanger avec le rang qui appartient à l'hypothèque de son cédant. Mais dans la cession d'hypothèque, rien ne s'oppose à ce que la garantie hypothécaire se détache de la créance de la femme, pour aller s'adjoindre à une créance, qui de chirographaire qu'elle était, va devenir hypothécaire.

Pour déterminer, en second lieu, les effets de la subrogation, nous devons-nous demander quelle est la nature de la convention qui intervient entre la femme et le créancier? Si nous en croyions les expressions qui sont employées pour la désigner, nous pourrions être induits en erreur. Le contrat ne constitue évidemment pas une cession-transport, dans le sens juridique du mot. La cession, dans le langage du droit, s'entend de la transmission, et plus particulièrement de la vente des choses incorporelles : pour qu'un acte constitue une cession de créance, il faut qu'il contienne un prix, et que la créance qui fait l'objet de la convention, soit transmise du cédant au cessionnaire. Or, dirait-on que dans l'acte par lequel la femme abandonne son droit hypothécaire au créancier, le prix consiste dans l'avantage que celle-ci procure au mari ? Cette assertion serait contraire aux notions les plus élémentaires en matière de vente : car le prix, dont parle l'art. 1591, C. N., doit être certain, déterminé, sérieux, et consister en argent. D'un autre côté, est-ce que le créancier subrogé devient propriétaire par l'effet de la convention ? En aucune manière : ce créancier aura beau faire au débiteur les significations de l'art. 1690, il n'acquerra pas la créance, qui reste toujours aux mains de la femme, et cela est si vrai, que si plus tard ce créancier est remboursé par le mari, la femme est dégagée et conserve son hypothèque, sans qu'une rétrocession soit nécessaire.

La convention est-elle un nantissement, comme l'ont prétendu quelques auteurs ? La condition essentielle à la validité du gage est la remise au créancier des objets mobiliers ou des titres de créance : or nous n'avons pas ici cette remise, qui n'est même pas possible dans la plupart des cas : car la créance do la femme reste le plus souvent indéterminée jusqu'à la liquidation de la société conjugale.

Quelle est donc la nature de la convention? Nous croyons qu'il y a ici une délégation faite éventuellement par la femme, et sous la condition que si le mari ne paie pas à l'échéance, elle abandonne les droits qu'elle peut avoir contre lui : c'est une espèce de novation conditionnelle : si le mari s'acquitte au terme, la condition est défaillie, et la femme conserve son hypothèque : au contraire, le mari tombe-t-il en faillite ou en déconfiture, la femme est débitrice et obligée d'abandonner au créancier le bénéfice de son hypothèque légale.

La nature de la convention ainsi déterminée, les effets en seront facilement déduits : nous en avons déjà indiqué par avance le principal : c'est que le créancier subrogé pourra, à défaut de paiement, venir exercer les droits de la femme en son lieu et place, de la même manière qu'elle le ferait elle-même en l'absence de toute subrogation, c'est-à-dire, avec toute la généralité que comporte cette hypothèque, ce qui revient à dire que la femme engage toutes les causes d'hypothèque qui existeront au jour de la liquidation, et non pas seulement celles qui existent au jour de l'obligation. C'est là un point constant et reconnu plusieurs fois par la jurisprudence, notamment par deux arrêts, l'un d'Orléans du 12 juillet 1854, et un autre de Metz du 22 janvier 1856, qui ont décidé que le créancier subrogé peut toujours se faire colloquer sur le prix de vente des biens du mari, à la date de son obligation, quand même la femme n'aurait eu, antérieurement à l'obligation, aucune créance contre son mari, qui pût servir de base à une hypothèque légale. Il a été jugé de même par la Cour de Cassation, le 18 décembre 1854, que la subrogation consentie par une femme au cours d'une instance d'ordre dans lequel elle a été colloquée provisoirement, a pour effet de transmettre au créancier subrogé les droits de la femme, non-seulement sur le prix en distribution, mais encore sur les autres immeubles du mari, et même sur des biens vendus par celui-ci, à une époque à laquelle il n'était pas créancier, et qui n'ont pas été purgés.

En principe, donc la cession de l'hypothèque comprend les effets futurs et présents de cette hypothèque, à moins toutefois d'une convention contraire, où il est dit que la femme subroge le créancier dans son hypothèque légale, mais seulement en ce qu'elle peut grever les immeubles spécialement engagés au créancier. Cette restriction procure à la femme cet avantage de ne pas voir l'hypothèque légale cédée primer sur un autre immeuble du mari la nouvelle hypothèque légale qui lui compète à raison de l'indemnité à réclamer.

Du principe que la femme, en cédant son hypothèque, reste créancière du mari, et que l'hypothèque ne cesse pas, même aux mains du subrogé, de rester l'accessoire de la créance de la femme, découlent plusieurs conséquences remarquables.

La première est que la femme restée maîtresse de sa créance, peut en disposer, l'anéantir, et par là même anéantir l'hypothèque. Ainsi le mari offre à la femme, et celle-ci accepte un remploi, dans les termes de l'art. 1435, ou une dation en paiement, conformément aux § 1 et 2 de l'art. 1595. Le droit de préférence du créancier ne peut plus s'exercer faute d'objet. Il en est de même si la femme devient débitrice du mari, et qu'il y ait extinction de sa créance par voie de compensation, en vertu de l'art. 2180, § 1. Telle est du reste la solution donnée par la jurisprudence, qui a décidé que la femme qui accepte la communauté, ou est réputée l'accepter, faute par elle d'y avoir renoncé dans les délais et les formes voulues, étant tenue sur ses biens propres de la moitié des dettes de cette communauté, le tiers subrogé ne peut plus exercer l'hypothèque légale éteinte par l'acceptation. Quant à cette hypothèse, elle soulève la grave question de savoir si la femme, même acceptante, n'a pas hypothèque sur les conquêts, question qui est en dehors de notre matière. Mais la jurisprudence n'en est pas moins constante sur ce point, et elle s'est manifestée clairement dans une espèce assez curieuse. « Une femme avait consenti des subrogations : elle mourut à peu de distance de son mari ; et les enfants communs acceptèrent purement et simplement les deux successions, dont les dettes et créances réciproques se trouvèrent éteintes par confusion. La Cour d'Orléans, 16 mars 1849, répondit très-justement au créancier subrogé que l'efficacité de son droit dépendait de l'existence d'un autre droit disparu par la confusion.

Cette première conséquence est toutefois vivement controversée : selon certains auteurs, le sort de la subrogation ne peut pas dépendre des actes que la femme peut accomplir, ou du parti qu'elle ou ses héritiers peuvent prendre. La cession dûment consentie est irrévocable et constitue pour le créancier un droit acquis. Autrement personne n'oserait contracter avec une femme mariée sous le régime de la communauté, et il en résulterait que sous le régime qui donne à la femme la liberté la plus absolue de s'obliger et de contracter avec l'autorisation de son mari, ses biens propres se trouveraient frappés d'une inaliénabilité éventuelle.

Ce système appuyé sur des considérations très-justes sans doute, a selon moi un vice capital : c'est de méconnaître la nature même de la cession d'hypothèque, qui ne confère au créancier qu'un droit éventuel et incertain, et c'est là ce qui, dans l'ancien droit, avait porté certains auteurs à prétendre, contrairement à l'opinion dominante, que l'hypothèque ne pouvait être cédée qu'avec la créance qu'elle garantissait.

Est-ce à dire cependant que le droit de préférence accordé au créancier subrogé, soit complétement illusoire ? Faut-il dire qu'il dépendra du caprice ou du mauvais vouloir de la femme d'anéantir la sûreté par elle librement consentie? Non assurément. Tous les événements qui, par le jeu naturel et ordinaire des rapports entre époux, éteindront la créance de la femme, éteindront aussi l'hypothèque. Mais toute extinction de la créance des reprises faite d'une manière insolite, et dont l'effet sera de rendre la femme insolvable, toute acceptation faite par elle d'une communauté onéreuse tomberont sous le coup de l'action Paulienne, et ici la fraude sera d'autant plus facilement présumée que les affaires de la communauté seront en plus critique situation.

La seconde conséquence est que le subrogé ne peut pas avoir plus de droits que la femme, et qu'il ne peut poursuivre le paiement de ses reprises que lorsqu'elle le pourrait elle-même : une femme commune, et ce sera le cas le plus fréquent, ne peut demander la liquidation qu'après la dissolution de la communauté ; une femme dotale et une femme non commune seulement après la séparation de biens ou la dissolution du mariage. Le cessionnaire devra attendre ces diverses époques. La jurisprudence semble cependant s'être départie de ce principe : car nous trouvons une décision de laquelle il résulte que les créanciers subrogés peuvent, en cas de faillite ou de déconfiture du mari, exercer l'hypothèque de la femme sur le prix d'aliénation des conquêts de communauté, et sans attendre que la femme ou ses héritiers aient renoncé à la communauté. Cette solution absolue ne peut se justifier que par le principe qui protége les créanciers contre les actes frauduleux de leur débiteur : or, ici, la femme avait tout intérêt à renoncer ; et si elle ne le faisait pas, ce ne pouvait être que par mauvais vouloir ou collusion. Même en dehors de ce cas, plusieurs arrêts ont jugé que la femme ou ses ayant-cause peuvent, même pendant la durée de la communauté, exercer l'hypothèque légale sur les conquêts aliénés, sauf à faire ordonner la consignation du prix de vente pour être ultérieurement touché dans le cas où la femme renoncerait. Cette collocation toute éventuelle ne porte pas atteinte à notre principe et à la nature de la convention de subrogation.

La troisième conséquence consiste en ce que l'étendue du droit hypothécaire du créancier doit nécessairement se mesurer sur l'étendue de la créance de la femme, et que l'hypothèque légale ne peut ni s'étendre ni s'amoindrir entre les mains du subrogé : autrement les droits des tiers et des créanciers postérieurs seraient lésés. Ainsi Paul, créancier de Pierre de 10,000 fr. obtient de la femme de celui-ci la subrogation; plus tard la liquidation terminée attribue à la femme une somme de 20,000 fr. pour ses reprises. Il est évident que Paul n'exercera le droit de la femme que pour ses 10,000 fr., et que l'excédant reviendra à la femme, toujours garanti par l'hypothèque légale. A l'inverse, Paul est créancier de 20,000 fr., mais il se trouve que les droits de la femme ne montent qu'à 10,000 fr. Paul ne profitera de la subrogation que dans les limites de cette somme. Enfin si la liquidation constatait que la femme n'a pas de créance contre son mari, ou même qu'elle est débitrice, la garantie transmise au créancier resterait entre ses mains complétement inutile. Ces applications, qui témoignent du peu de solidité des subrogations, découlent logiquement des règles et des effets de la convention.

Une quatrième conséquence à tirer de ce que l'hypothèque légale n'a pas cessé d'être attachée à la créance des reprises, c'est que, après la collocation des créanciers subrogés sur le montant de la somme attribuée à la femme dans l'ordre ouvert, celle-ci ne pourra plus exercer la même hypothèque sur d'autres immeubles du mari : autrement elle nuirait trop ouvertement aux autres créanciers de celui-ci. La force d'une hypothèque générale est de donner au créancier le droit de choisir l'immeuble sur lequel il veut être payé, mais non d'être colloqué sur chaque immeuble du débiteur. Remarquons seulement que si les créanciers subrogés avaient le mari pour débiteur principal, la femme réclamera une indemnité pour le recouvrement de laquelle l'art. 2135 lui accorde une nouvelle hypothèque.

Sur cette hypothèque accordée à la femme par l'art. 2135, pour garantie de l'indemnité des dettes contractées pour son mari, s'est élevée la question de savoir si la femme pouvait céder au créancier lui-même cette hypothèque. Si nous décidions l'affirmative, il suffirait alors au mari de faire intervenir sa femme pour constituer sur ses immeubles à ses propres créanciers des hypothèques légales à discrétion : alors à quoi servirait le principe de la spécialité ? D'ailleurs l'indemnité suppose un dommage : or, tant que la femme n'a pas été obligée de payer le créancier, il y a bien pour elle un danger, mais pas un dommage réel, partant pas d'indemnité et pas d'hypothèque. Il est vrai que le rang de cette hypothèque remonte au jour de l'obligation : mais le fait généralisateur de l'hypothèque légale et de l'indemnité n'en est pas moins l'avance de fonds faite par la femme.

Tels sont les principaux effets que produit la cession de l'hypothèque légale : peu importe du reste, que cette cession soit faite au profit du créancier du mari, de celui de la femme ou de celui d'un tiers, sauf dans le premier cas, le recours en indemnité de la femme, et peu importe aussi que l'engagement de la femme porte seulement sur son hypothèque légale, ou affecte en même temps et subsidiairement tout son patrimoine : car il est maintenant hors de douté que la femme peut, sans s'obliger personnellement, céder aux créanciers du mari son hypothèque légale. Cette situation cependant avait paru dangereuse aux facultés de Dijon et de Strasbourg, lors de l'enquête hypothécaire faite en 1841 : on craignait que la femme ne se laissât aller trop facilement à une pareille cession. Mais ces craintes étaient évidemment exagérées, et la prohibition dont on voulait frapper les femmes, loin de sauvegarder leur fortune, eût au contraire amené leur ruine inévitable, en les forçant, quand elles voudraient venir au secours de leur mari, de s'engager personnellement.

CHAPITRE II.

DE LA CESSION DE LA CRÉANCE HYPOTHÉCAIRE.

Très-souvent dans la pratique, la femme, au lieu de céder simplement son hypothèque, déclare céder et transporter au créancier les droits, reprises, créances et avantages matrimoniaux qu'elle peut ou pourra avoir à exercer contre son mari, et par suite, elle le met et subroge, jusqu'à due concurrence, dans l'effet de son hypothèque légale, sur les biens de son mari.

Rien n'est plus valable, du moins en apparence, que cette convention qui a substitué un nouveau titulaire de la créance à l'ancien : mais si nous voulons déterminer la valeur de l'acte en lui-même, c'est alors que nous retombons dans les difficultés qui se sont déjà soulevées sur la nature de la cession de l'hypothèque.

La femme a-t-elle véritablement fait cession de sa créance de reprises ? Évidemment non : car où est le prix de cette cession ? Il n'y en a pas — La femme a-t-elle donné sa créance en nantissement ? Sans doute, elle le pourrait : mais est-ce là ce qu'elle a fait ? Non encore : car pour la validité du gage, il faut la remise des titres entre les mains du créancier, remise qui, nous l'avons déjà dit, serait souvent impossible.

Quant à nous, nous ne pouvons voir dans cette clause qu'une cession même de l'hypothèque. Nous lui appliquerons donc tous les effets que nous avons attribués à la cession d'hypothèque.

En refusant à cette clause la qualité et les effets de la cession-transport, nous n'avons pas entendu dire qu'il fût littéralement impossible à un tiers de se trouver propriétaire de la créance de la femme, même pendant le mariage. Ainsi le mari doit à la femme une somme de 100,000 fr. pour l'indemnité de l'aliénation d'un de ses propres. La femme dûment autorisée, peut ou vendre cette créance à un tiers moyennant un prix déterminé, ou recevoir son paiement d'un tiers qu'elle subroge dans tous ses droits contre son mari. Mais cette cession ou cette subrogation doit être faite sérieusement. C'est la femme qui, en réalité, doit recevoir le prix de la cession, ou recevoir son paiement. Si l'argent tombe entre les mains du mari, ce n'est plus alors qu'un emprunt fait par celui-ci avec cession de l'hypothèque légale de la femme. Il faut donc que le cessionnaire ou le subrogé veille à ce qu'il soit fait emploi au nom de la femme.

CHAPITRE III.

DE LA CESSION D'ANTÉRIORITÉ.

Il est pour la femme une troisième manière de

disposer de son hypothèque légale, c'est la cession d'antériorité. La validité de cette convention n'a jamais été mise en doute, et bien que la loi de 1855 n'en fasse pas mention, cependant tous les auteurs s'accordent à reconnaître qu'elle rentre dans l'esprit, et même dans la lettre de l'art. 9 Il suffit, pour en être convaincu, de se rendre compte de l'effet d'une cession d'antériorité : c'est l'acte par lequel le cessionnaire, créancier hypothécaire lui-même, échange son rang avec celui du cédant, dans la mesure de ce qui est dû à celui-ci : il y a une intervention de rangs.

La femme peut ou céder son rang sur tous les immeubles du mari, et prendre le rang du créancier sur l'immeuble hypothéqué à celui-ci, ou céder seulement son rang sur l'immeuble que le mari hypothèque spécialement au créancier cessionnaire. Dans les deux cas, la convention se résume en définitive en une cession d'hypothèque, telle que nous l'avons étudiée plus haut, et nous appliquerons ici tous les effets que nous avons signalés; sauf que la femme, pour la somme dont elle sera privée par le créancier cessionnaire, viendra exercer l'hypothèque de ce créancier et à son rang. Mais il est bien entendu que le cessionnaire ne pourra jamais prendre le rang de la femme que pour la somme due à celle-ci, et que réciproquement, elle ne pourra exercer l'hypothèque du créancier sur l'immeuble à lui affecté par le mari que pour le montant de la créance de son cessionnaire; car les autres créanciers ne doivent éprouver aucun préjudice de la cession faite par la femme, de même aussi qu'ils ne doivent pas en profiter : la femme reste donc vis-à-vis d'eux créancière hypothécaire comme elle l'était auparavant.

Prenons quelques exemples, afin de mettre en relief ces situations :

1° La femme a une hypothèque de 1850 pour 30,000 fr.; le mari confère en 1851 hypothèque sur l'immeuble A à Primus pour 20,000 fr.; en 1852, à Secundus pour 30,000 francs, et enfin à Tertius pour 20,000 fr.; mais ce dernier s'est fait céder le droit d'antériorité de la femme sur tous les immeubles du mari. Si l'immeuble A est ensuite vendu 90,000 fr., comment va se répartir cette somme ? Tertius qui a pris la place de la femme viendra en première ligne pour ses 20,000 fr.; la femme aura les 10,000 fr. d'excédant. Primus et Secundus seront intégralement payés, et il reste 10,000 fr., qui seront attribués à la femme aux lieu et place de Tertius; tandis que s'il n'y avait eu qu'une simple cession d'hypothèque, la femme aurait été créancière chirographaire pour les 20,000 fr. qui lui restent dus. Si nous supposions que c'est un autre immeuble

du mari qui est vendu, Tertius viendra encore exercer l'hypothèque de la femme sur cet immeuble;
puis quand postérieurement l'immeuble A sera mis
en vente, la femme prendra sur cet immeuble le rang
de Tertius.

2° La femme dans la même situation n'a cédé
à Tertius son droit d'antériorité que sur l'immeuble
A que le mari affectait spécialement à ce créancier : l'immeuble est vendu 90,000 fr. Tertius se
paiera d'abord sur la collocation de la femme :
celle-ci prendra les 10,000 fr. d'excédant, viendra
ensuite au rang de Tertius pour 10,000 fr. et pour
le surplus, elle sera créancière chirographaire, si
le mari n'a pas d'autres immeubles sur lesquels elle
puisse exercer sa créance d'indemnité. Mais si par
des circonstances fortuites, l'immeuble n'était vendu
que 10,000 fr., le créancier cessionnaire qui, dans le
premier cas, aurait pu recourir pour le surplus sur
d'autres immeubles du mari, affectés de l'hypothèque de la femme, ne le pourra pas dans ce deuxième
cas.

On voit donc qu'en définitive, cette convention
aboutit vis-à-vis du créancier à une cession d'hypothèque, soit générale soit spéciale, nous avions donc
raison de dire que la cession d'antériorité rentrait
dans la lettre de l'art. 9.

Une seule difficulté est spéciale à cette matière.

Le mari a deux immeubles. L'immeuble A est affecté à la femme pour 40,000 fr., à Primus pour 60,000 fr., à Secundus pour 50,000 fr., à Tertius pour 40,000 fr. : mais la femme a fait à Tertius une cession d'antériorité sur cet immeuble seul. L'immeuble B est affecté à la femme pour la même somme, à Paul pour 60,000 fr., et à Pierre pour 40,000. La femme a incontestablement le droit de choisir l'immeuble sur lequel elle entend faire porter son hypothèque, mais si elle produit dans l'ordre ouvert sur l'immeuble B, son hypothèque légale sera éteinte, et par voie de conséquence, son hypothèque sur l'immeuble A disparaîtra, et la cession faite à Tertius ne lui profite pas. Peut-il dépendre de la femme d'anéantir la cession d'antériorité faite à Tertius ?

On peut même supposer que la femme a consenti à différentes époques, des cessions d'antériorité à divers créanciers hypothécaires du mari inscrits sur différents immeubles. La présence de la femme à ordre ouvert sur tel immeuble, pourra préjudicier aux autres créanciers. Mais nous n'en croyons pas moins que la femme a le droit de se présenter sur l'immeuble qu'il lui plaît de choisir : c'est là une conséquence de son hypothèque générale, et pourvu qu'elle ait agi sans fraude, elle sera, à l'abri de toute poursuite de la part des autres créanciers cessionnaires qui devaient pour plus de sûreté, se faire accorder une cession d'antériorité portant sur tous les immeubles du mari.

Telle est la cession d'antériorité qui suppose, contrairement à la cession d'hypothèque, que le cessionnaire est lui-même créancier hypothécaire : car on ne peut concevoir une convention impliquant interversion de rangs qu'entre deux personnes dont l'une a aussi bien que l'autre au moment de la convention, un rang à donner en échange de celui qu'elle reçoit.

CHAPITRE IV.

DE LA RENONCIATION A L'HYPOTHÈQUE LÉGALE.

Renoncer à un droit, c'est s'abstenir gratuitement de l'exercer, sans s'inquiéter des conséquences juridiques de cette abstention. Le cohéritier qui refuse purement et simplement une succession, renonce; mais s'il refuse au profit de tel ou tel de ses cohéritiers, alors la loi voit dans cet acte une véritable cession, et décide qu'il entraîne acceptation de la succession.

Le créancier hypothécaire, qui renonce purement et simplement à son hypothèque, art. 2180, § 2, devient chirographaire vis-à-vis de tous; mais s'il détermine lui-même les personnes auxquelles il veut transporter le bénéfice de son abstention, il ne renonce plus : il dispose. C'est donner aux mots une signification détournée que d'appeler renonciation l'acte par lequel un créancier consent à n'être plus hypothécaire à l'égard de tel ou tel, se réservant d'exercer son hypothèque contre tout autre. Ces renonciations ont été appelées renonciations *in favorem*.

Peut-on appliquer ces principes à l'hypothèque légale de la femme mariée ? D'abord, il est un point certain : c'est qu'elle ne peut pas y renoncer purement et simplement, de manière à devenir chirographaire dans ses rapports avec son mari et avec tous les créanciers de ce dernier : la garantie que la loi a voulu lui accorder, eût été le plus souvent illusoire, si un tel acte lui eût été permis; tout ce qu'elle peut faire pendant le mariage, c'est de dégrever quelques immeubles du mari, mais avec le consentement de la famille et la permission du tribunal.

Il en est tout autrement des renonciations *in favorem* : la pratique admet depuis longtemps, et la jurisprudence et la doctrine se sont ralliées à cette idée, qu'une femme pouvait, pendant le mariage, et sans recourir à aucune des formalités prescrites par les art. 2144 et 2145, renoncer à son hypothèque légale en faveur de tel créancier de son mari, la convention restant à l'égard du mari et des autres créanciers *res inter alios acta*, ne devant ni leur nuire ni leur profiter. Mais ici commence la difficulté. La nature de tout droit réel, de l'hypothèque par conséquent, est d'être opposable à tous. Comment donc régler cette position bizarre de la femme, étant à la fois et n'étant pas hypothécaire? Et quel avantage le créancier doit-il retirer de la renonciation *in favorem*?

Deux systèmes se sont produits. Le premier, soutenu par Proudhon, enseigne que la renonciation ne peut produire que des effets extinctifs, sans donner de droit nouveau à personne ; elle n'est qu'un acte d'abstention, par lequel la femme promet de ne pas se prévaloir des avantages qu'elle pourrait avoir sur le prêteur.

Le second assimile la renonciation à la subrogation ou cession, et lui fait produire une mutation de droits, en ce sens qu'elle transporte le bénéfice de l'hypothèque à celui en faveur de qui elle est faite : tel est le système constant de la jurisprudence.

Il nous semble qu'il y a là une question de fait : tantôt la femme en renonçant, aura entendu céder son hypothèque : tantôt elle n'aura entendu que renoncer à s'en prévaloir à l'encontre de celui en faveur de qui elle a fait la convention. Il faudra consulter les termes de l'acte, les circonstances dans lesquelles il est intervenu. Du reste il sera presque toujours conforme à l'intention des parties, du moins quand la convention sera intervenue au profit d'un créancier du mari, de voir là une véritable cession. C'était déjà l'idée qui avait prévalu dans l'ancien droit, après bien des controverses : le président de Lamoignon disait : « En cas de renonciation expresse, celui au profit duquel elle est faite entre dans l'hypothèque de celui qui renonce. » Aujourd'hui la solution ne saurait plus guère être contestée : car l'art. 9 de la loi de 1855 assimile la cession et la renonciation, en les confondant sous la dénomination commune de subrogation. Nous appliquerons alors à la renonciation ainsi interprétée tous les effets de la cession : nous n'avons sur ce point qu'à renvoyer au chapitre I.

Mais il ne serait pas impossible que la renonciation ait, après comme avant la loi nouvelle, un caractère purement extinctif. Quels seront alors les effets de cette convention ? La femme a entendu simplement prendre l'engagement de ne point exercer son hypothèque, en tant qu'elle nuirait à celui en faveur de qui elle a renoncé : il faut toujours donner à ce créancier le dividende qui lui appartiendrait, si la femme n'avait pas d'hypothèque légale à exercer.

Un ordre est ouvert sur le prix de l'immeuble A qui a été vendu 100,000 fr. La femme qui espère se faire payer ou a déjà été payée sur d'autres immeubles du mari, ne produit pas à cet ordre. La convention de renonciation au profit du créancier hypothécaire du mari sur cet immeuble, est exécutée très-simplement. L'hypothèque légale de la femme ne nuit pas au créancier.

Mais la femme produit à l'ordre ouvert sur cet immeuble. Il y a sur cet immeuble les hypothèques suivantes; la femme pour 30,000 Paul pour 30,000; Pierre pour 60,000 et Primus pour 20,000; mais celui-ci a obtenu de la femme une renonciation; il prendra sur la collocation de celle-ci tout ce qu'en l'absence de l'hypothèque légale il aurait pris : or s'il avait été le troisième en ordre, il n'aurait eu que 10,000 fr.; il n'enlèvera à la femme que 10,000. Si au contraire l'immeuble ne s'était vendu que 90,000 fr., Primus n'aurait rien à réclamer à la femme, parce que, même en l'absence d'hypothèque légale, il ne serait pas venu en ordre utile.

Si la femme, après avoir fait une renonciation, subrogeait un autre créancier dans son hypothèque légale, elle ne pourrait nuire par là au premier créancier qui a un droit acquis à toucher, dans la limite de sa créance, tout ce qui ne sera pas absorbé par les créanciers antérieurs autres que la femme. Le créancier subrogé ne pourra exercer un droit que sur ce qui restera de la collocation de la femme.

Nous avons supposé jusqu'à présent que le créancier qui a obtenu la renonciation était en même temps créancier hypothécaire du mari. C'est ce qui arrive le plus souvent dans la pratique. Mais cette convention peut-elle être faite au profit d'un créancier chirographaire du mari? L'affirmative est certaine, quand la renonciation est interprétée comme produisant les effets d'une cession. Mais quand on ne donne à la renonciation que des effets purement extinctifs, le résultat de la convention faite avec un créancier chirographaire sera de permettre à ce créancier de venir concourir avec la femme sur le montant de la collocation de celle-ci ; donc s'il y avait plusieurs créanciers nantis de cette renonciation, ils viendraient tous en concours avec la femme. On comprend que cette renonciation sera rarement interprétée en ce sens dans la pratique, parce qu'elle n'aura pas été dans l'intention des parties, vu le peu de certitude et de garanties qu'elle offre au créancier qui a toujours à craindre des subrogations dans l'hypothèque légale, et même de nouvelles renonciations.

CHAPITRE V.

DES SUBROGATIONS ET RENONCIATIONS TACITES.

Lorsque la femme, prenant la parole au contrat, déclare expressément céder son hypothèque légale ou y renoncer au profit d'un tiers, aucune difficulté ne peut s'élever, je ne dirai pas sur l'étendue du consentement, mais sur ce consentement lui-même. Il en est autrement en ce qui concerne la renonciation tacite. Et d'abord notre loi admet-elle les renonciations tacites en matière hypothécaire? L'affirmative a pour elle les précédents. Le droit romain nous dit : «*Creditor qui permittit rem venire, pignus dimittit.* » Le débiteur, dit Pothier, n'ayant pas besoin du consentement de son créancier pour aliéner ses héritages avec la charge des hypothèques, le consentement du créancier ne peut paraître requis et donné pour une autre fin que pour remettre son hypothèque. » Mais le Code a-t-il consacré ces principes? C'est ce qu'ont nié quelques auteurs. L'usufruitier, disent-ils, qui consent à l'aliénation de la chose sur laquelle son droit est établi, le conserve néanmoins, s'il n'a formellement déclaré y renoncer; art. 621. Quant aux hypothèques, l'art. 2180 laisse la question indécise. Enfin le décret du 9 avril 1852 sur le Crédit foncier, malgré les rudes atteintes qu'il porte aux sûretés de la femme, n'admet point pourtant les systèmes des renonciations tacites. Quelque puissants que soient ces arguments, nous admettons sans aucun doute les renonciations tacites, et cela pour deux raisons : la première, c'est que le Code n'a pas reproduit l'art. 10 de la loi de messidor an III, qui n'admettait d'autres renonciations que les renonciations expresses; la seconde, c'est qu'il est de principe qu'en matière de conventions, l'accord des parties produit les effets qu'elles ont en vue, de quelque manière qu'il se produise. Ajoutons que rien ne nous autorise à croire que le Code ait dérogé à l'ancien droit. Mais alors, on nous accuse de mettre dans la loi des dispositions contradictoires? Ce reproche est peu fondé : car la renonciation à l'usufruit constitue une véritable donation, soit au profit du nu-propriétaire, si la vente autorisée par l'usufruitier a pour objet la pleine propriété, soit au profit de l'acheteur, dans le cas où c'est la nue-propriété seulement qui a été vendue. Or, c'est un principe élémentaire de notre droit que les libéralités ne se présument pas. La renonciation à l'hypothèque n'a pas le même caractère. Elle est utile, sans doute, au débiteur dont elle assure le crédit : mais en définitive, elle ne l'enrichit point ; elle ne fait rien entrer dans son patrimoine, puisqu'il reste débiteur comme avant. Concluons donc que notre loi admet les renonciations tacites.

Mais de quels actes va résulter cette renonciation? Telle est la difficulté. Il est impossible de prévoir théoriquement les mille circonstances desquelles on pourra induire une cession de l'hypothèque; toutefois voici les faits les plus usuels, sur lesquels a roulé la discussion : le concours de la femme à une affectation hypothécaire d'un immeuble du mari ou de la communauté : l'engagement solidaire de la femme au profit d'un créancier chirographaire du mari : enfin son engagement solidaire à l'égard d'un créancier auquel le mari confère une hypothèque.

Et d'abord quand la femme, sans s'engager personnellement, a concouru à l'acte de constitution d'hypothèque passé par le mari, il y a une renonciation : mais sera-t-elle extinctive ou translative ? Nous croyons qu'à moins d'intention contraire, la femme a entendu seulement ne pas se prévaloir de son hypothèque vis à vis du créancier qui reçoit lui-même hypothèque sur un immeuble du mari, mais qu'elle n'a nullement voulu faire à ce créancier une cession de ses droits hypothécaires sur tous les autres immeubles du mari.

Quand la femme s'oblige solidairement avec son mari envers un créancier auquel il n'est pas donné d'hypothèque, doit-elle, par ce seul fait, être considérée comme subrogeant le créancier dans son hypothèque? Il est bien certain que la simple obligation de la femme n'emporte aucune affectation spéciale de ses droits hypothécaires. Il a été jugé cependant à plusieurs reprises, et par la Cour suprême elle-même, qu'une telle obligation équivaut à une cession des droits hypothécaires de la femme, tellement que la femme ne peut plus nuire au pro-

mier créancier, en transférant le bénéfice de son hy
pothèque à un autre. C'était méconnaître la nature
même de l'obligation qui pour être solidaire, ne cesse
pas d'être personnelle : sans doute le créancier peut,
en vertu des art. 1166, 2092 et 2093, exercer les droits
de la femme : mais il concourra, en vertu de l'art. 775
C. Proc., avec les autres créanciers chirographaires
de la femme sur le montant de sa collocation. La
jurisprudence est revenue sur ces décisions, et
maintenant elle juge uniformément que l'obligation
solidaire de la femme ne peut seule entraîner la subrogation, et même que le jugement de condamnation que le créancier pourait plus tard obtenir contre
le mari et la femme, et qui lui conférerait contre
eux l'hypothèque judiciaire ne lui ferait pas acquérir
cette subrogation.

Au contraire, lorsque la femme s'oblige solidairement avec son mari, qui confère une hypothèque
spéciale sur des biens qui étaient déjà grevés de
l'hypothèque légale de la femme, il y a là une renonciation tacite, et il ne peut plus lui être permis
de subroger ultérieurement des tiers dans son hypothèque légale au préjudice du premier créancier :
elle a garanti l'exercice de ses droits au créancier
envers lequel elle s'est obligée, et si elle voulait exercer par elle-même ou par ses ayant-cause son hypo-

thèque à son préjudice, elle serait repoussée par la maxime : *Quem de evictione tenet actio, eumdem agentem repellit exceptio.*

Quant à l'étendue de la subrogation, résultant de ce concours de la femme, ce sera une question de fait de savoir si la femme a entendu subroger le créancier dans tous ses droits hypothécaires, ou seulement le subroger dans ses droits sur l'immeuble ou les immeubles sur lesquels le mari lui a conféré une hypothèque conventionnelle. C'est en ce dernier sens que la Cour d'Amiens a interprété la convention dans un arrêt récent du 11 novembre 1838.

Il a été jugé de même que la femme mariée qui, après que son mari s'est obligé à livrer certains immeubles déterminés à titre de garantie hypothécaire, promet de faire valoir tous les engagements pris par son mari, doit être réputée par là renoncer à son hypothèque légale sur les biens dont il s'agit.

Quels seront les effets de cette renonciation tacite? Produira-t-elle tous les effet d'une renonciation expresse? La Cour de Paris, suivant l'opinion d'un auteur distingué, a décidé que cette convention a uniquement pour effet, en ce que touche l'hypothèque légale, d'entraîner de la part de la femme une simple renonciation à la priorité de rang de cette hypothèque sur l'hypothèque conventionnelle consentie par le même acte au profit du créancier, et dès lors que si ce créancier vient à perdre le bénéfice de son hypothèque, faute d'inscription en temps utile, la femme reprend par elle ou par ses ayant-droit, le rang qui lui appartient en vertu de cette hypothèque. C'est là méconnaître les effets de la convention. La Cour a regardé la subrogation comme l'accessoire de l'hypothèque conventionnelle, tandis qu'elle dérive du contrat et de l'abandon fait tacitement par la femme. Aussi la plupart des auteurs et la Cour de Cassation ont-ils repoussé cette doctrine, et décidé que la femme qui s'oblige solidairement avec affectation hypothécaire, transporte virtuellement ses droits sur les immeubles affectés à son créancier, et par conséquent sur son hypothèque légale. Du reste, telle était déjà la doctrine admise dans l'ancien droit : un arrêt du 1er février 1602 avait jugé que la femme qui s'est obligée avec son mari à un créancier, a tacitement renoncé à l'hypothèque des conventions matrimoniales, même à celles au profit dudit créancier, en sorte que si après la mort de son mari, elle transporte ses deniers dotaux à un autre, ce sera inutilement pour le regard de son dit premier créancier. C'est donc avec raison que la jurisprudence et la doctrine se sont ralliées à ce dernier parti.

CHAPITRE VI.

DES RENONCIATIONS EN FAVEUR DES TIERS ACQUÉREURS.

Jusqu'à présent, nous avons vu la femme uniquement en présence des créanciers, soit d'elle-même, soit du mari. Mais la convention peut encore intervenir en faveur d'un tiers acquéreur d'un immeuble grevé de l'hypothèque légale. Nous avons à ce sujet deux points à examiner : d'abord les formes que peut revêtir cette convention ; ensuite les effets qu'elle produit.

Quant à la forme, la convention peut se manifester d'abord d'une manière expresse. Dans l'acte de vente d'un immeuble du mari, la femme présente au contrat déclare qu'elle renonce à son hypothèque légale dans l'intérêt de l'acheteur. C'est par la forme de la renonciation qu'on procède habituellement. La forme de la cession est rarement employée, et cela se conçoit. L'acquéreur n'a pas besoin, en général, comme le créancier, d'être mis aux lieu et place de la femme ; il lui suffit de purger l'immeuble qu'il acquiert de l'hypothèque légale, ou d'obtenir de la femme qu'elle lui en assure la propriété paisible et incommutable. Cependant nous verrons plus loin qu'il ne serait pas sans intérêt pour l'acquéreur d'être subrogé à l'hypothèque légale.

La convention peut, en outre, résulter de certains faits, dont les principaux sont : le concours de la femme à la vente de l'immeuble faite par le mari, l'obligation solidaire qu'elle contracte avec son mari de garantir l'acquéreur de tous troubles et de toutes dettes et hypothèques, ou enfin, si l'hypothèque a été inscrite, la main-levée qu'elle donne avec désistement de son droit.

Quand la femme prend part à l'acte d'aliénation de l'immeuble du mari, il est raisonnable de donner à cette présence le sens d'une renonciation. C'était déjà, du reste, la décision donnée par le droit romain : nous voyons dans la loi 11 : *Quibus modis pignus solvitur* (*ff*. 20, 6) que la femme qui consent à l'acte par lequel le mari constitue à sa fille une dot hypothéquée sur les biens déjà soumis à l'hypothèque légale, est censée faire remise de son hypothèque sur ce bien. Mais lorsque la présence de la femme au contrat peut s'expliquer par d'autres considérations, lorsqu'elle a un intérêt à concourir à l'acte, on ne devra impliquer de là aucune renonciation de sa part. La Cour de Cassation (30 juin 1855) a fait application de ce principe dans une espèce où les époux avaient fait une donation par une des clauses de leur contrat de mariage de la moitié de leurs biens présents et à venir à celui de leurs enfants mâles qu'il leur plairait de choisir. On voulait induire de là une renonciation de la femme à son hypothèque légale : mais ce système fut justement rejeté, parce que l'acte duquel on voulait le faire résulter, était le contrat de mariage dans lequel la femme était intervenue pour se constituer une dot, pour établir ses droits et non pour y renoncer.

Quant à l'acte, par lequel la femme garantit solidairement la vente d'un bien de son mari, on pourrait douter qu'il constituât une renonciation. On pourrait dire : la femme a contracté envers l'acheteur une obligation de garantie, dont elle est tenue sur tous ses biens : quant à son hypothèque, elle est restée intacte dans son patrimoine, puisqu'elle n'est pas affectée réellement au paiement de son obligation. Mais ce raisonnement a été constamment rejeté par la jurisprudence, et avec raison : car s'engager à ne point apporter de troubles à la possession de l'acheteur, c'est implicitement prendre l'engagement de s'abstenir de tout acte susceptible de lui faire préjudice : c'est donc tacitement renoncer à son hypothèque, et il est impossible d'admettre que tout en promettant à l'acheteur de ne rien faire de contraire à son intérêt, la femme se soit réservé son droit d'hypothèque, et avec lui la faculté d'anéantir, non point à la vérité par elle-même, mais par ses ayant-cause particuliers, la vente à l'exécution de laquelle elle s'est solidairement engagée.

Quels sont les effets de cette renonciation, soit expresse, soit tacite, que la femme consent en faveur du tiers-acquéreur ? Cette renonciation est-elle translative ou simplement extinctive. Nous connaissons déjà les effets de ces deux conventions : l'une opère un déplacement de droit : elle dépouille la femme pour en investir le cessionnaire : la seconde n'a d'autre effet que d'éteindre l'hypothèque en tant qu'elle pourrait compromettre le tiers-acquéreur et lui préjudicier ; il ne l'acquiert point, mais il a le droit de la tenir pour inexistante dans la mesure de son intérêt. De là une différence marquée dans les résultats.

Vente d'un immeuble du mari au prix de 60,000 fr. : la femme renonce à son hypothèque au profit de l'acheteur. Il y a sur l'immeuble trois créanciers hypothécaires dans l'ordre suivant : la femme pour 20,000 fr.. Primus pour 40,000, Secundus pour 20,000. Les offres faites par l'acheteur n'ayant pas été acceptées, l'immeuble a été mis aux enchères et vendu 70,000 fr. L'acheteur avait déjà payé une partie de son prix 15,000 fr., et il lui est dû 5,000 de dommages-intérêts ; son action en garantie monte donc à 20,000 fr..

Si la renonciation est translative, l'acheteur prendra en première ligne les 20,000 fr. à la place de la femme, et celle-ci sera complétement exclue. Si la renonciation est seulement abdicative, son effet se mesure sur le préjudice que l'hypothèque légale peut causer à l'acquéreur; mais elle subsiste en tant qu'elle ne lui nuit point.

Or, dans notre espèce, en l'absence de toute hypothèque légale, l'acquéreur ne serait colloqué que pour 10,000 fr; l'attribution de cette somme le met donc complètement hors de cause, et les 10,000 fr. d'excédant seront attribués à la femme.

On le voit, la renonciation extinctive ne protège qu'à demi l'acquéreur, ou même ne lui apporte aucun secours, toutes les fois que le montant des sommes dues aux autres créanciers du mari absorberait en totalité ou en partie le prix d'adjudication, à supposer que l'hypothèque de la femme fût inexistante même à leur égard.

Quant à la question de savoir dans quels cas la renonciation sera transmissive ou extinctive, c'est une question de fait à décider d'après l'intention des parties, les termes de l'acte et les circonstances de la cause. S'il existe, en concours avec la femme et primés par elle, d'autres créanciers hypothécaires, et que le montant des sommes à eux dues soit égal ou supérieur à la valeur présumée de l'immeuble, la renonciation stipulée par l'acquéreur, doit être entendue dans le sens d'une vraie subrogation. Dans le cas, au contraire, où l'hypothèque légale de la femme grève seule l'immeuble, la renonciation ne peut être qu'extinctive : la femme fait remise de son gage, et dispense l'acheteur des embarras et des frais de la purge. Il est clair, en effet, toute autre supposition serait absurde, qu'il a stipulé dans le sens de son intérêt, et, dans l'espèce, il ne gagnerait absolument rien à l'acquisition de l'hypothèque : ce qui lui importe, c'est qu'elle soit éteinte.

Quoi qu'il en soit, cette renonciation est faite dans l'intérêt seul du tiers-acquéreur ; c'est une convention qui se forme de lui à la femme, et n'a d'effet qu'entre eux. Donc le droit de suite seulement est éteint, et l'acquéreur est désormais à couvert de toute surenchère, tant de la part de la femme que de la part de ses subrogés postérieurs à la vente. Mais c'est tout, et la femme conserve le bénéfice de son hypothèque légale vis-à-vis de tous les créanciers de son mari, qu'elle prime ; en sorte qu'elle peut se faire payer sur le prix tant qu'il demeure entre les mains de l'acquéreur. Par suite, le mari ne peut céder aucune portion de ce prix à des tiers au préjudice de sa femme ; et il en serait encore ainsi, lors même que, au concours de la femme à la vente, se joindrait la circonstance qu'elle aurait donné une main-levée formelle, dans l'acte, de son inscription hypothécaire prise sur l'immeuble. Telle est la doctrine constante de la Cour suprême et des Cours impériales.

En vertu de ce même principe, il a été aussi jugé que la femme qui a renoncé à son hypothèque en faveur d'un second acquéreur des biens du mari, n'est pas censée avoir renoncé par là à l'exercer vis-à-vis d'un premier acquéreur étranger à la convention.

Reste un point à examiner. Quelle est, à l'égard des autres subrogés de la femme, la condition d'un tiers-acquéreur qui a obtenu d'elle une renonciation, soit subrogative, soit extinctive? Et d'abord, quant aux créanciers qui n'ont été subrogés dans l'hypothèque de la femme que postérieurement à la transcription du titre de l'acquéreur, ils n'ont aucun droit sur l'immeuble aliéné, puisque la femme du chef de laquelle ils tiennent leurs droits, avait abandonné son gage sur cet immeuble par la renonciation faite en faveur de l'acquéreur. Quant aux créanciers qui ont été subrogés avant la vente, et qui ont rempli les formalités prescrites par l'art. 6, avant la transcription, la femme n'a pas pu, en renonçant à son hypothèque sur l'immeuble aliéné, nuire à leurs droits. Nous avons bien admis, il est vrai, que la subrogation ne conférait qu'un droit tout éventuel, dont l'efficacité dépendait de la liquidation ultérieure des droits de la femme. Mais nous savons aussi que les cessions postérieures ne peuvent nuire aux cessions antérieures, et ici le tiers-acquéreur est dans la position d'un créancier subrogé. La renonciation, soit translative, soit abdicative, qui lui a été consentie, ne peut porter atteinte aux subrogations que la femme avait déjà consenties. S'il veut se mettre à l'abri des poursuites de ces créanciers, il devra remplir les formalités de la purge.

CHAPITRE VII.

DE LA CAPACITÉ NÉCESSAIRE POUR CÉDER L'HYPOTHÈQUE LÉGALE OU Y RENONCER.

Pour renoncer valablement à l'hypothèque, le créancier doit être capable d'aliéner la créance que garantit cette hypothèque. Pour céder valablement son hypothèque légale ou y renoncer, la femme doit donc être autorisée de son mari ou de justice, et se trouver sous un régime qui lui permette la libre disposition de sa créance de reprises. La femme ne pourrra donc pas, sous certains régimes consentir valablement une subrogation : c'est ce que laisse entendre le premier membre de phrase de l'art. 9. La loi suppose donc qu'il est des circonstances où la femme est incapable. Quelles sont ces circonstances ? C'est là une question de capacité que la loi n'a pas voulu résoudre, mais laisser sous l'empire des principes généraux. C'est donc à ces principes qu'il faut nous référer.

En conséquence, sont capables à cet effet les femmes mariées sous le régime de la communauté, ou sous le régime sans communauté, ou sous la séparation de biens. Quant à la femme mariée sous le régime dotal, il faut faire plusieurs distinctions. Si la stipulation de régime dotal est pure et simple, comme l'immeuble dotal est inaliénable, on en a conclu avec raison que la femme devenant créancière du mari à raison de cet immeuble, par exemple, en cas d'aliénation faite par ce dernier, n'aurait la faculté ni de céder cette créance, ni de céder l'hypothèque qui assure son recouvrement. Mais on sait combien de discussions a soulevées la fameuse question de l'inaliénabilité de la dot mobilière. L'intérêt vraiment pratique de la décision est précisément d'accorder ou de refuser à la femme la faculté de céder l'hypothèque légale qui garantit le recouvrement de cette dot. Sans entrer ici dans l'examen de cette grave question, nous ferons seulement remarquer que l'inaliénabilité est reconnue par une jurisprudence constante, et qu'elle semble même sanctionnée par un acte législatif, le premier qui ait fait mention des subrogations à l'hypothèque légale, l'art. 29 du décret--loi du 28 février-9 avril 1852 sur les sociétés de crédit foncier lequel, en défendant à la femme dotale de subroger le crédit foncier dans son hypothèque légale, ne distingue pas entre la dot mobilière et la dot immobilière. D'après cette jurisprudence, la femme incapable d'aliéner sa dot, ne peut donc faire une cession d'hypothèque, qui ne serait qu'une aliénation indirecte de sa dot.

Il semble, d'après cela, que les auteurs, et c'est le plus grand nombre qui admettent l'aliénabilité de la dot mobilière devraient unanimement conclure à la possibilité pour la femme de céder son hypothèque. Cependant quelques auteurs, tout en admettant l'aliénabilité, proclament l'incessibilité de l'hypothèque qui, selon eux, est un droit immobilier : or sous le régime dotal les immeubles sont de droit inaliénables. C'est là, selon nous, une grave erreur. Et d'abord il est fortement contestable que l'hypothèque soit un droit immobilier. Mais même en adoptant cette idée, est-il vrai de dire que la femme fait une véritable cession d'hypothèque aux créanciers qu'elle subroge ? Nous l'avons déjà dit, cette prétendue cession n'est autre qu'une collocation éventuelle et jusqu'à due concurrence restreinte à la collocation de la cédante, et impliquant la condition de nonpaiement du créancier par le débiteur principal.

Cette collocation est-elle le paiement d'une créance mobilière et aliénable *ab initio* ou n'est-elle que la transformation en argent, la dation en paiement d'une créance dans le principe immobilière et inaliénable? Voilà toute la question en ce qui concerne l'hypothèque légale sous le régime dotal : cessible dans le premier cas, incessible dans le second.

Il en sera de même si, quoique mariée en communauté, la femme a mis par son contrat de mariage une partie de sa fortune sous le régime dotal. Sans discuter ici la question de savoir s'il est possible de fondre ensemble ces deux régimes, et en nous plaçant dans le système, qui admet la validité de cette convention, nous dirons avec la jurisprudence que la femme ne pourra dans ce cas céder l'hypothèque garantissant ceux de ses biens qu'elle aurait ainsi frappés de dotalité.

Mais la femme, même sous le régime dotal, pourra céder son hypothèque, en tant qu'elle garantirait des reprises de sommes non comprises dans la constitution dotale stipulée au contrat de mariage : ce sont alors des créances paraphernales, sur lesquelles la femme a tout autant de capacité que sous le régime de séparation de biens.

Si la femme s'est réservé par son contrat de mariage la faculté d'aliéner ses biens dotaux, de les hypothéquer, de traiter et transiger sur eux, quelle sera sa capacité au point de vue de la cession de l'hypothèque? Malgré quelques doutes soulevés à ce sujet, nous croyons fermement, avec la majorité des arrêts, que la femme qui s'est réservé des pouvoirs aussi étendus, peut renoncer expressément à son hypothèque légale au profit du créancier envers lequel elle s'oblige ou auquel elle garantit l'obligation contractée par son mari ; elle use alors véritablement de la réserve qu'elle a stipulée à son profit. La cour de Cassation, dans deux arrêts récents, 1ᵉʳ juin 1853 et 16 décembre 1856, semble faire de ce point une question d'interprétation, abandonnée au pouvoir souverain des juges du fait. C'est là, selon nous, une abdication de ses pouvoirs. Quand la femme se réserve le droit d'aliéner et d'hypothéquer ses immeubles, elle déroge au principe de l'inaliénabilité, et cette dérogation doit suivre les mêmes règles que celle qui est créée par la loi dans les art. 1555 et 1556. Or la Cour suprême décide que la femme peut, par exemple, pour l'établissement des enfants communs, aliéner indirectement sa dot, en garantissant par une renonciation l'obligation contractée par le mari.

Du reste, dans tous les cas où le régime matrimonial permet à la femme la cession de son hypothèque, il suffit qu'elle soit assistée de son mari ou dûment autorisée, qu'il s'agisse d'un contrat sincère, et que la femme consente en connaissance de cause et en vue d'une affaire spéciale et déterminée ; une procuration générale donnée par la femme à son mari serait inefficace. Mais il n'est pas nécessaire, comme l'ont jugé quelques arrêts, que la femme emploie les formalités des art. 2144 et 2145. Ces articles, relatifs à la restriction de l'hypothèque, ont en vue un tout autre cas, celui où le mari veut obtenir l'affranchissement d'une partie de ses biens sans qu'il y ait en jeu ni créancier ni acquéreur. On craint alors l'influence maritale, et on veut protéger la femme contre sa propre faiblesse, en exigeant l'avis de ses quatre plus proches parents et l'homologation du tribunal. Mais ces formalités ne sont pas requises quand la femme cède son hypothèque à un tiers, soit qu'elle s'oblige elle-même, soit que le mari s'oblige seul. La jurisprudence et la doctrine paraissent maintenant fixées en ce sens. Cependant le danger que je signalais tout à l'heure n'existe-t-il pas ici, et à un plus haut degré encore ? car les subrogations n'arrivent ordinairement que lorsque la fortune du mari est déjà gravement compromise, et que ses créanciers, ne se confiant plus dans son crédit, exigent l'abandon des droits de la femme. C'est ce qu'avait très-bien compris la Faculté de droit de Paris dans l'enquête hypothécaire de 1840 : «Ainsi l'hypothèque des femmes mariées sous un régime autre que le régime dotal, qui assure l'inaliénabilité de leur dot, est devenue dans la pratique une abstraction sans réalité, une pure chimère. Aussi ces garanties, si solides en apparence, s'en vont en fumée, ou du moins ne profitent aux femmes mariées qu'à l'égard des tiers les moins rigoureux dans leurs exigences, ou quelquefois même les plus dignes d'intérêt, tels que ceux dont le mari est devenu le débiteur à raison d'un délit ou d'un quasi-délit dont il doit réparation.» Et la Faculté proposait d'exiger pour les cessions l'autorité de justice.

Quoi qu'il en soit de ces critiques, dictées sans doute par un esprit de conservation pour la fortune des femmes, nous croyons qu'elles ne sont pas fondées ; nous préférons après tout la ruine de la femme à côté de celle du mari, plutôt que de voir la femme riche des reprises dont le paiement a écarté les autres créanciers du mari, étaler un luxe insolent, et le plus souvent entretenir fastueusement un mari dont la ruine a entraîné celle de tant de malheureux.

CHAPITRE VIII.

DE LA FORME EXTÉRIEURE DES ACTES CONTENANT CESSION OU RENONCIATION.

C'est sur ce point que portent principalement les innovations de la loi du 23 mars 1855. Jusqu'à elle, les auteurs et la jurisprudence qui seuls, dans le silence du Code, avaient en quelque sorte organisé la matière, laissaient la convention affranchie de toute règle. La femme pouvait céder son hypothèque légale ou y renoncer par acte sous seing privé non moins valablement que par acte authentique. Mais cette faculté, si essentiellement morale et si éminemment utile, quand la femme en use avec prudence et discernement, pouvait devenir dangereuse par l'abus qu'elle en pouvait faire lorsque, sous le manteau de la cheminée, et sans aucun guide pour la conseiller, elle pouvait engager, par une signature dont elle ne comprenait pas toujours l'importance, tout son avoir peut-être dans le mouvement des spéculations de son mari. Les monuments judiciaires témoignent à chacune de leurs pages de ce fâcheux et déplorable état de choses. Il fallait y porter remède : les jurisconsultes appelés à préparer la réforme de notre régime hypothécaire, proposèrent alors de solenniser par l'authenticité les actes de subrogation. Ils crurent avec raison que cette forme de contracter porte en elle de précieuses garanties. Et d'abord elle éveille l'attention des parties, et les protége, par les lenteurs qu'elle entraîne, contre la spontanéité souvent compromettante de leurs premières pensées. En outre, les conseils de l'officier public éclairent la femme sur l'importance du contrat. Telles sont les raisons qui ont fait écrire dans la loi du 23 mars 1855 l'article 9, qui décide que la cession ou renonciation doit être faite par acte authentique.

Les termes de cet article sont directement impératifs, et bien qu'il ne prononce pas la nullité d'une subrogation par acte sous-seing privé, cependant nous n'hésitons pas à regarder un tel acte comme dénué de tout effet tant entre les parties contractantes qu'à l'égard des tiers. Ce point est toutefois contesté, et quelques auteurs ont soutenu que l'authenticité n'était exigée que par application du principe que les inscriptions ne peuvent être effectuées que sur la présentation d'un acte authentique : art. 2148 : ils se sont fondés sur ces paroles de M. Rouher dans l'exposé des motifs. « L'acte de subrogation doit être authentique, puisqu'il doit servir de première base à une inscription qui ne peut se fonder que sur un acte solennel. » Cette interprétation doit être rejetée. L'authenticité a été prescrite dans l'intérêt des femmes pour les protéger contre leur propre faiblesse, et les mettre à l'abri des entraînements auxquels elles sont naturellement sujettes lorsque les spéculations de leurs maris exigent d'elles quelques sacrifices. Elle est donc une solennité essentielle à la perfection des subrogations, et en son absence elles n'ont et ne peuvent avoir au-

cune force légale tant à l'égard des parties elles-
mêmes qu'au regard des tiers.

Puisque l'authenticité est exigée dans un but de
protection pour la femme, il est clair que le mandat
donné par celle-ci à l'effet de céder son hypothèque
doit être authentique. La même question s'était élevée sous le Code à l'occasion du mandat à l'effet de
constituer une hypothèque conventionnelle. Malgré
l'art. 2127, qui dispose que l'hypothèque conventionnelle ne peut être consentie que par un acte passé en
forme authentique, la Cour de Cassation avait, dans
deux arrêts de 1819 et 1827, jugé que le mandat à l'effet de consentir une hypothèque et l'acte constitutif de
l'hypothèque sont deux choses tout à fait distinctes,
et que, suivant les principes généraux, le mandat
peut être donné sous signature privée. Mais une jurisprudence plus récente, 2 février 1854, a reconnu
que quand la loi dit que telle convention ne peut
être constatée qu'en la forme authentique, elle exige
par là même que le consentement des parties soit
manifesté en la même forme, et elle a réformé ses
décisions plus anciennes, en ajoutant même que la
ratification donnée ultérieurement par le mandant,
ne saurait avoir d'effet rétroactif à l'encontre des
tiers. Cette doctrine doit être appliquée aux actes de
subrogation avec d'autant plus de raison qu'on a
exigé ici l'authenticité, afin que la femme fût pro-

t'gée par les conseils et les avertissements de l'officier public.

La formalité de l'authenticité est exigée sans aucun doute pour les cessions d'hypothèque, les cessions d'antériorité. Mais pour la cession de la
créance hypothécaire, des divergences se sont pro-
duites entre les auteurs. Selon quelques-uns, la loi
de 1855 ne s'est pas occupée des cessions de créances : elle les a laissées sous l'empire du C.N.,art.1690.
Ce système nous semble trop absolu. Quand la prétendue cession n'est en réalité qu'une cession d'hypothèque, nous appliquerons sans difficulté l'art. 9.
Mais quand la femme aura fait une véritable cession-transport, nous restons sous l'empire du Code
et de l'art. 1690. Le cessionnaire est saisi à l'égard
des tiers par la signification de transport au débiteur ou son acceptation par acte authentique.

Une autre difficulté s'est élevée sur la portée du
mot renonciation dans l'art. 9 ; comprend-il et les
renonciations translatives et les renonciations
extinctives ? Quant aux renonciations translatives,
elle doivent incontestablement être faites par acte
authentique. Mais en ce qui touche les renonciations extinctives intervenues soit au profit d'un
créancier, soit au profit d'un tiers acquéreur, **des**
jurisconsultes d'une très-grande autorité soutiennent qu'elles peuvent valablement résulter d'un acte

sous-seing privé, et la raison qu'ils en donnent, c'est que l'art. 9 ayant eu particulièrement **en** vue les cessions et renonciations translatives, les renonciations privatives restent sous l'empire du droit commun. Nous ne pouvons admettre ce système. Sans doute les termes de l'art. 9 ne s'appliquent pas explicitement à cette renonciation ; mais l'esprit de la loi nous permet, nous ordonne même d'exiger ici encore l'authenticité : la femme n'a-t-elle pas besoin de la même protection quand elle renonce à son hypothèque et quand elle y subroge ?

CHAPITRE IX.

DE LA PUBLICITÉ.

L'hypothèque légale de la femme existe à son profit, indépendamment de toute inscription. Cette prérogative est-elle transmise avec l'hypothèque elle-même, quand la femme fait une convention de subrogation ? Jusqu'à la loi de 1855, les auteurs et la jurisprudence, trop peu pénétrés de cette idée que les avantages dont jouit l'hypothèque légale, sont attachés plutôt à l'état d'incapacité du créancier qu'à la créance, ne subordonnaient à aucune condition de publicité les subrogations consenties par la femme. Sans doute il y avait pour le créancier subrogé un grand intérêt à faire publier son droit, parce qu'à défaut de cela, les immeubles pouvaient sortir à son insu des mains du mari, sans que vis à vis de lui subrogé, les tiers acquéreurs fussent tenus en aucune manière. C'est pour cela que même avant la loi nouvelle, les subrogés avaient souvent la sage précaution d'inscrire à leur profit l'hypothèque légale de la femme. Mais c'était là une pure faculté, et la jurisprudence décidait invariablement que toutes choses étant entières, le subrogé n'était pas obligé de s'inscrire; qu'entre les créanciers subrogés la préférence se réglait par la date des subrogations, et que les formalités de la purge légale avaient seules pour effet de mettre la femme ou son subrogé en demeure de prendre inscription : puis si l'inscription était prise alors en temps utile au nom de la femme, elle profitait à tous les créanciers subrogés dans l'ordre des subrogations. Il y avait là des dangers : une femme qui avait déjà absorbé son hypothèque légale par des subrogations occultes, pouvait se procurer encore du crédit en offrant à d'autres capitalistes le bénéfice de la subrogation. Tels sont les inconvénients auxquels a voulu remédier l'art. 9 de la loi du 23 mars 1855. « ... Les cessionnaires n'en sont saisis, à l'égard des tiers, que par l'inscription de cette hypothèque prise à leur profit, ou par la mention de la subrogation en marge de l'inscription préexistante. Les dates d inscriptions ou mentions déterminent l'ordre dans lequel ceux qui ont obtenu des cessions ou renonciations exercent les droits hypothécaires de la femme. »

Le système de publicité introduit par l'art. 9 s'applique-t-il à toutes les conventions qui peuvent intervenir entre la femme et les tiers, soit créanciers, soit acquéreurs? Et d'abord il s'applique de l'aveu de tous aux cessions ou renonciations translatives , sous quelques formes qu'elles se produisent, soit renonciation expresse ou tacite, soit cession d'hypothèque, soit cession d'antériorité, soit cession de la créance. Sur cette dernière convention, nous avons déjà vu au chapitre précédent, qu'il s'était élevé des doutes et des divergences chez les auteurs : pour nous, ces difficultés se résolvent en distinguant la véritable cession-transport, qui reste soumise aux formalités du C. N., et la cession des droits et reprises, qui n'est autre qu'une cession d'hypothèque, et qui est assujettie aux formalités de la loi nouvelle.

Mais les renonciations simplement extinctives sont-elles comprises dans l'art. 9? La même question, qui s'était élevée sur la nécessité de l'acte authentique, s'élève ici pour la publicité. Les mêmes auteurs, qui ont admis la validité de ces renonciations par acte sous-seing privé, soutiennent qu'elles ont par elles-mêmes et sans aucune inscription, un effet plein et entier au point de vue de l'extinction de l'hypothèque et de la purge de l'immeuble ; il suffit que la vente soit régulièrement transcrite pour que l'acquéreur n'ait plus rien à craindre des subrogations ultérieures que la femme pourrait consentir. Nous rejetons encore cette décision. Le législateur n'a-t-il pas eu en vue ici l'intérêt des tiers? Ceux-ci n'ont-ils pas un grand intérêt à connaître les renonciations qui désormais rendront inutiles les subrogations qui leur seraient consenties? Le législateur, dans les art. 1 et 2 de la même loi, ne soumet-il pas au régime de publicité les renonciations extinctives d'un droit d'usufruit, de servitude ou d'antichrèse? et les renonciations à l'hypothèque, de toutes les plus dangereuses et les plus difficiles à connaître resteraient seules dans la clandestinité? On objecterait en vain que la transcription de la vente fera suffisamment connaître la renonciation, car les tiers qui voudront acquérir des subrogations de la femme iront consulter le registre des inscriptions et non celui des transcriptions.

Mais, nous dit-on, si vous raisonnez par analogie, il va falloir décider que toutes les causes d'extinction des hypothèques seront soumises au régime de publicité? nullement ; le danger n'est plus le même. Le tiers qui demandera la cession de l'hypothèque, demandera la communication du titre qui justifie de l'existence de la créance.

Nous arrivons à l'étude des formalités destinées à assurer la publicité des cessions et renonciations.

L'art. 9 indique deux formes distinctes : l'inscription et la mention qui ont chacune en vue deux hypothèses différentes, celle où l'hypothèque de la femme n'est pas inscrite, et celle où elle est inscrite.

Supposons d'abord que l'hypothèque de la femme ne soit pas inscrite, le cessionnaire devra la faire inscrire à son profit, Il n'y a pas de difficultés lorsque la cession est faite à un créancier chirographaire. Mais au cas où le créancier subrogé acquiert en même temps une hypothèque conventionnelle sur les biens du mari, une difficulté des plus graves se présente. Le subrogé doit-il prendre deux inscriptions distinctes sur le vu de deux bordereaux également distincts, ou peut-il inscrire collectivement ces deux hypothèques, de telle sorte que la mention de la subrogation dans l'inscription de l'hypothèque conventionnelle supplée l'inscription de l'hypothèque légale? Une discussion très vive s'est engagée sur ce point entre MM. Pont et Mourlon, le premier soutenant la validité des inscriptions collectives, et le second la nécessité de deux inscriptions distinctes. M. Pont s'appuie d'abord sur la pratique constante en sa faveur jusqu'en 1856, sur la perturbation que cette innovation va jeter dans les intérêts privés. Nous pensons, au contraire, que le subrogé doit prendre deux inscriptions distinctes : 1° parce qu'il n'y a aucune disposition dans nos lois qui ait trait de près ou de loin à ce mélange d'hypothèques décrites dans une inscription commune, aucune disposition surtout qui permette l'inscription collective de plusieurs hypothèques nées de titres différents et de nature diverse ; 2° parce que le projet de 1851, qui permettait ce cumul n'a pas été reproduit ; 3° enfin parceque les inscriptions collectives ne mettent pas suffisamment en lumière la subrogation. Il y a ici une analogie frappante avec l'art. 2108, qui exige l'inscription d'office du privilége du vendeur, malgré la transcription de l'acte de vente qui constate déjà ce privilége. Telle est la doctrine qui vient d'être consacrée par un arrêt de la Cour de cassation du 4 février 1856.

La seconde hypothèse prévue par l'art. 9 est celle où l'hypothèque de la femme est inscrite; en pareil cas le subrogé doit faire intervenir sa subrogation en marge de l'inscription de la femme; mais il n'y a pas ici d'alternative, comme le soutient encore M. Pont, qui voudrait que le subrogé pût, s'il le préférait, prendre une inscription directe à son profit. Ce mode de procéder, outre qu'il serait illégal, serait dangereux ; il serait de nature à tromper les tiers qui pourraient facilement croire en présence de l'inscription, que la femme n'a pas encore disposé de son hypothèque, et il porterait atteinte au crédit du mari : car ces inscriptions réitérées feraient croire à un passif plus considérable que celui qui existe réellement. Ajoutons qu'il n'y a pas de mode de publicité plus naturel que cette mention ; c'est ainsi que la loi procède dans tous les cas analogues : ainsi au cas de résolution ou de rescision d'un acte translatif de propriété, au cas de demande en révocation pour ingratitude.

A quel bureau d'hypothèques le subrogé doit-il publier son droit pour être saisi à l'égard des tiers ? En cas de renonciation de la femme sur un immeuble, ou en cas de cession d'antériorité, le droit du créancier sera évidemment publié au bureau des hypothèques de la situation de l'immeuble; mais en cas de cession générale de l'hypothèque légale, le cessionnaire doit-il faire l'inscription ou la mention dans tous les bureaux où le mari a des immeubles? et si je veux connaître l'état des subrogations antérieures, où faut-il m'adresser? La loi de 1855 est muette sur ce point. L'inscription dans chaque bureau est la seule solution qui soit logique et conforme aux vœux du législateur sur la publicité; mais elle est en fait impraticable. *Quid*, par exemple, si le cessionnaire n'est pas inscrit le même jour dans les différents bureaux, et que dans l'intervalle d'une inscription à l'autre, un autre subrogé ait publié son droit? l'article 9 parle au singulier de l'inscription ou de la mention, et il semble n'avoir exigé cette formalité que dans un seul bureau. Mais alors c'est l'anéantissement du système de publicité. Il faut donc reconnaître que cette publicité des subrogations de la femme saluée par tous comme une heureuse innovation, est encore bien imparfaite.

Quelles sont les énonciations que doit contenir l'inscription prise par le subrogé? Et d'abord d'après l'art. 2153, cette inscription devra contenir, outre les noms, prénoms, profession et domicile réel de la femme, et un domicile par elle élu, ces mêmes indications relatives au créancier subrogé. En second lieu, elle doit indiquer les noms, prénoms, profession, domicile ou désignation précise du débiteur qui sera le plus souvent le mari. En troisième lieu, les bordereaux et l'inscription doivent mentionner, par un effet de la loi nouvelle, la nature et la date du titre du subrogé. Ce n'est pas que cette loi l'ait dit expressément; mais c'est une conséquence nécessaire du principe nouveau introduit par elle que l'inscription ou la mention opère une sorte de saisine à l'égard des tiers : il faut donc porter à la connaissance de ces tiers la date et la nature du titre du cessionnaire.

Enfin l'inscription doit contenir, selon l'art. 2153 la nature des droits à conserver, et le montant de leur valeur quant aux objet déterminés, sans être tenu de le fixer quant à ceux qui sont conditionnels, éventuels ou indéterminés. Quant au subrogé lui-même, il est évident qu'il doit faire connaître le montant de la créance pour laquelle il est subrogé, et même l'époque de l'exigibilité : mais doit-il énoncer spécialement la nature des droits divers de la femme, le chiffre des créances liquides de la subrogeante contre son mari, ou suffit-il d'une formule générale et énonçant vaguement les reprises, créances et droits matrimoniaux de la femme? La question ne saurait être douteuse, si on consulte l'art. 2153, qui dit que l'inscription doit contenir la nature des droits à conserver, et le montant de leur valeur quant aux objets déterminés. Cette obligation paraîtra peut-être d'une application difficile. Comment, dira-t-on, le subrogé se procurera-t-il tous les éléments nécessaires pour rédiger une inscription si minutieuse dans ses détails? Mais depuis quand élude-t-on les prescriptions de la loi sous prétexte des difficultés qu'elles rencontrent dans leur application? Dans l'espèce, d'ailleurs, ces obstacles ne sont pas insurmontables. Le créancier qui stipule une subrogation, peut en effet obtenir de la femme tous les renseignements dont il aura besoin, pour se mettre en règle. Mais faut-il aller jusqu'à dire que son inscription sera nulle en l'absence de ces formalités détaillées? Nous ne le pensons pas. Cette inscription est-elle de nature à induire les tiers dans une erreur préjudiciable? Non assurément. Qu'importe aux tiers que les droits qui leur sont opposés prennent leur source dans le contrat de mariage, ou qu'ils proviennent de la vente d'un propre, ou d'une succession? Ce qui est essentiel pour eux, c'est de connaître exactement le montant des sommes jusqu'à concurrence desquelles ils auront à subir l'effet de l'hypothèque, s'ils traitent avec le mari, ou l'effet de la subrogation, s'ils acceptent la femme pour débitrice. Or à cet, égard ils sont parfaitement renseignés. Dès lors à quel titre et dans quel but annuler une inscription qui satisfait si pleinement au vœu de la loi?

Mais si l'inscription a omis quelques-unes des énonciations essentielles, alors elle pourra être déclarée nulle, et cette nullité pourra être opposée non-seulement par les subrogés postérieurs, mais par les créanciers du mari. si le conflit s'engageait entre eux et le subrogé après l'expiration de l'année qui suivra la dissolution du mariage, et même par les créanciers chirographaires de la femme, si la subrogation n'a pas été et ne peut plus être inscrite en temps utile.

Disons en terminant sur ces formalités qu'en principe il n'est dû aucun droit pour l'inscription de l'hypothèque légale, qui a été opérée en vertu de la subrogation. Le subrogé agit au nom de la femme : il inscrit l'hypothèque de la femme : or celle-ci, lorsqu'elle fait inscrire son hypothèque, quand elle est éventuelle et indéterminée, ne doit aucun droit proportionnel, en vertu de l'art. 1 de la loi du 6 messidor an VII, qui a été étendu à tous les cas où il s'agit d'une créance éventuelle et indéterminée.

Ceci dit sur les formalités à remplir pour satisfaire au vœu de la loi, voyons quels sont les effets de cette publicité.

La loi place les subrogations sous le niveau de la règle générale en matière d'hypothèques, et, leur retirant le bénéfice de la disposition exceptionnelle de l'art. 2135, leur applique le principe de l'article 2134, d'après lequel, entre les créanciers, l'hypothèque n'a de rang que du jour de l'inscription prise par le créancier sur les registres du conservateur. La publicité a donc pour effet, d'abord d'opérer une sorte de saisine en consolidant la cession sur la tête du subrogé à l'égard des tiers, puis de fixer, en cas de concours de plusieurs cessions, l'ordre dans lequel tout créancier exercera les droits hypothécaires de la femme. Si divers créanciers subrogés ont requis inscription ou mention le même jour, ces créanciers exerceront en concurrence une hypothèque de la même date, par application de l'article 2147.

Et d'abord, au point de vue de la saisine que confère l'inscription, quels sont ces tiers dont la loi veut parler? sont-ce seulement les subrogés postérieurs, ou faut-il aussi y comprendre les créanciers du mari, et dire que ceux-ci pourront aussi se prévaloir du défaut d'inscription? Quelques auteurs, se fondant sur un passage assez peu concluant de l'exposé des motifs, ont soutenu l'affirmative. Nous ne pouvons nous ranger à cette opinion : les créanciers hypothécaires postérieurs du mari n'ont aucun intérêt à se prévaloir de ce défaut d'inscription, car le cessionnaire écarté, la femme prendrait sa place, et comme elle n'a pas besoin de justifier d'une inscription, elle serait colloquée avant les créanciers du mari.

En second lieu, au point de vue du droit de préférence, remarquons que c'est seulement vis-à-vis des créanciers subrogés que la loi règle les effets de la publicité. Il en résulte d'abord qu'entre les subrogés et la femme, la subrogation n'a nullement besoin d'être rendue publique pour produire son effet; en outre que la femme n'en conserve pas moins, comme avant la loi nouvelle, les prérogatives attachées à son hypothèque. Elle pourra donc l'opposer, quoique non inscrite, à tout autres qu'aux créanciers subrogés.

Observons encore que l'inscription ou la mention requise par un créancier subrogé, conformément à l'art. 9, ne profite qu'à celui qui l'a faite, et non aux autres créanciers subrogés. En ce sens la Cour de Paris a dit très exactement que la subrogation dont un créancier réclame les effets en vertu d'une inscription distincte, crée en lui un droit propre et personnel qu'il exerce dans son intérêt et dont aucun des créanciers ne saurait ni se prévaloir, ni profiter.

Mais l'inscription prise par un créancier subrogé profite-t-elle au moins à la femme elle-même ? cette question, qui se présentait déjà avant la loi nouvelle dans le cas où l'hypothèque de la femme et du subrogé était tenue de se faire connaître, c'est-à-dire dans le cas de purge légale, présente maintenant d'autant plus d'intérêt que la publicité est devenue une condition nécessaire pour l'efficacité de la subrogation à l'égard des tiers. Il faut distinguer pour la résoudre les termes dans lesquels l'inscription a été faite. Si le créancier requiert une inscription au profit et au nom de la femme, en se bornant à ajouter qu'il a été subrogé dans l'hypothèque legale jusqu'à concurrence de sa propre créance, il agit comme ayant-cause de la femme, à qui l'inscription devra profiter.

Mais supposons, ce qui arrive habituellement, que le créancier qui requiert inscription d'une hypothèque conventionnelle, requiert en même temps à son profit et en son nom personnel, inscription de l'hypothèque légale. Dans ce cas, cette inscription ne doit-elle profiter qu'au créancier ? et si ce créancier est payé, peut-il donner main-levée de l'hypothèque sans la participation de la femme ? Malgré l'opinion contraire de quelques auteurs, nous croyons que cette inscription profite à la femme. Cette inscription, que le créancier a qualité pour requérir, n'est pas celle d'un droit qui lui est propre; mais d'un droit qui appartient à la femme, qu'il n'exerce que parce que la femme l'a autorisé, en le subrogeant, à l'exercer en son lieu et place; de telle sorte que l'inscription, bien que prise par le créancier, ne lui profite secondairement que parce qu'elle profite en premier lieu et principalement à la femme. La femme, en subrogeant le créancier, l'a constitué son mandataire; et s'il résulte de l'objet de ce mandat et de l'intérêt du créancier que, *procurator in rem suam*, il peut requérir l'inscription en son propre nom, il ne résulte pas de cette circonstance que l'inscription est étrangère à la femme. La main-levée, donnée par le créancier n'a donc effet qu'en ce qui le concerne, et laisse subsister l'inscription dans l'intérêt de la femme, intérêt qui survit à celui du créancier. Cette doctrine a été consacrée par un arrêt d'Amiens, du 31 mars 1857, maintenu en Cassation le 2 juin 1858, et par un arrêt plus récent d'Orléans, du 4 août 1859.

Signalons, en terminant l'art. 11 de la loi nouvelle, qui déclare que l'art. 9 n'est pas applicable aux actes ayant acquis date certaine avant le 1er janvier 1856, d'où nous devons conclure que les subrogations antérieures à cette époque demeurent dans tous les cas, c'est-à-dire tant que dure le mariage de la subrogeante et même après sa dissolution, complétement régies par les principes généraux. Donc 1° entre les subrogés la date certaine de la subrogation détermine l'ordre de préférence; 2° Ils priment, bien que leurs droits soient restés secrets, tous les subrogés postérieurs au 1er janvier 1856; 3° Ils conservent, aussi longtemps que le tiers acquéreur n'aura pas purgé, le droit de suite sur les biens aliénés par le mari de leur débitrice, soit avant, soit après le 1er janvier 1856.

CHAPITRE X.

DU RECOURS DE LA FEMME CONTRE SON MARI.

Nous avons vu que lorsque le créancier subrogé dans l'hypothèque légale avait exercé cette hypothèque au nom de la femme, et s'était fait colloquer au rang de celle-ci, par exemple, à la date du mariage, pour sa créance de reprises, cette créance était éteinte et ne pouvait plus être exercée par la femme sur d'autres immeubles du mari. Mais si la dette qui a été ainsi acquittée avec la créance de la femme est une dette particulière du mari, comme à son égard, elle n'est réputée que simple caution en vertu de l'art. 1431, elle aura un recours à exercer contre lui.

Deux actions lui sont ouvertes pour l'exercice de ce recours. La première, l'action de gestion d'affaires, est garantie par une hypothèque légale dont le rang est réglé par l'époque où l'obligation de la femme, à l'égard des créanciers du mari, a reçu date certaine, que cette obligation ait précédé la subrogation consentie par la femme, ou ait été concomitante à cette subrogation.

Le seconde, l'action du créancier désintéressé, est acquise à la femme en vertu de l'art. 1251, 3° en effet, la femme était tenue avec son mari et pour son mari au paiement de la dette : elle avait intérêt de l'acquitter, et l'a acquittée en effet. Elle est donc subrogée par la toute-puissance de la loi dans les droits, actions, priviléges et hypothèques du créancier désintéressé. C'est un point aujourd'hui constant et reconnu par une jurisprudence unanime. Lyon, 4 août 1853 et 11 août 1855.

Ces deux actions concourent au même but, à indemniser la femme, et par conséquent l'une sera éteinte par l'exercice utile de l'autre ; mais elles concourent à ce but par des modes divers et suivant une mesure différente.

L'action en indemnité est garantie par une hypothèque dont l'ordre est déterminé par l'engagement de la femme. La femme étant considérée comme caution de son mari, peut agir même avant d'avoir payé, lorsqu'elle se trouve dans un des cas prévus par l'art. 2032. Pour le cas de faillite ou de déconfiture du mari, ou lorsqu'il est en retard de payer, la dette étant échue, le doute ne peut guère s'élever, et ce point a été reconnu par de nombreux arrêts, qui ont aussi jugé que la faculté accordée par l'art. 1446 aux créanciers de la femme d'exercer, en cas de déconfiture du mari, les droits de leur débitrice, alors que celle-ci ne provoque pas sa séparation de biens, s'étend au droit d'exercer l'hypothèque légale de la femme sur le prix d'aliénation des conquêts de la communauté, sans attendre la renonciation de cette dernière, l'état de déconfiture du mari établissant l'insuffisance de l'actif, et anéantissant aussi le droit de co-propriété de la femme dans les immeubles de la communauté.

Dans le cas où il n'y a ni dette échue, ni faillite ou déconfiture du mari, la femme ne peut plus invoquer l'art. 2032 : peut-elle néanmoins se présenter à l'ordre pour y réclamer une collocation provisoire et éventuelle ? Nous le croyons encore ; on objecte en vain que pendant le mariage la femme ne peut agir en répétition de sa dot et de ses autres reprises. Sans doute la femme, si elle agissait directement contre son mari pour se faire indemniser de l'obligation qu'elle a contractée dans l'intérêt de ce dernier, se verrait repoussée. Mais lorsque c'est par un fait étranger à la femme que son hypothèque doit se mettre en action, alors rien ne l'empêche d'agir pour la conservation de ses droits : car lorsque l'acquéreur purge, et que l'hypothèque de la femme est la première en date, l'acquéreur ne peut faire aucun paiement du prix au préjudice de son inscription. Si on refusait ce droit à la femme, ne voit-on pas que le mari pourrait, par des ventes volontaires et successives, lui enlever la plus grande partie de son gage ? Ou bien il faudrait dire que l'immeuble vendu continuera de rester grevé de l'hypothèque de la femme, et que l'acquéreur, pendant toute la durée du mariage ne pourra pas purger, ce qui serait en contradiction avec les art. 2193 et suiv.

Ajoutons que les intérêts payés par la femme au créancier se réuniront au capital pour produire *hic et nunc* et de plein droit de nouveaux intérêts. Il serait même possible qu'invoquant l'art. 2028 *in fine,* elle demande et obtienne de son mari des dommages-intérêts plus forts que les intérêts légaux.

Rien de tout cela ne s'applique si la femme argue de la subrogation dans les droits du créancier. D'une part, elle ne peut réclamer avant d'avoir payé. D'autre part, elle n'aura jamais plus de droits, comme subrogée, que n'en avait le créancier. En conséquence, le capital seul produira des intérêts en sa faveur : jamais elle ne pourra réclamer les intérêts des intérêts.

Reste à se demander si l'art. 2037 est ici applicable, et si la femme sera libérée, lorsque la subrogation aux droits, hypothèques et priviléges du créancier cessionnaire de l'hypothèque légale, ne pourra pas par le fait de ce dernier s'opérer en sa faveur? Écartons d'abord l'hypothèse où la femme aurait plus d'intérêt à agir en vertu de son hypothèque légale : il est clair que dans ce cas elle ne peut se plaindre de l'impossibilité de la subrogation. Mais il se trouve que l'hypothèque légale est impuissante pour procurer à la femme son remboursement : peut elle invoquer contre le créancier l'art. 2037 ? Il faut distinguer si la femme ne s'est pas engagée personnellement envers le créancier, mais seulement dans la limite de sa future collocation, ou si en s'engageant personnellement, elle a agi comme caution simple ou caution solidaire, elle pourra invoquer l'art. 2037 : mais si elle s'est présentée comme codébitrice solidairé de son mari, elle ne pourra plus se prévaloir de cet article, et encore moins pourra-t-elle invoquer l'art. 1431, qui règle seulement les rapports entre elle et son mari.

C'est à la femme à choisir entre ces deux actions. Rien au surplus ne l'empêche, après avoir agi utilement contre son mari en vertu de la subrogation de recourir à l'action personnelle avec hypothèque légale pour toute la différence du rapport de ces deux actions.

POSITIONS.

DROIT ROMAIN.

I. Lorsqu'un débiteur hypothèque successivement à deux créanciers ses biens présents et à venir, les créanciers ne concourent pas sur les biens qu'il acquiert ensuite.

II. Le fisc n'a pas d'hypothèque privilégiée quand il traite comme un particulier.

III. Le créancier qui a usé du *jus offerendi* acquiert la créance du premier créancier.

IV. Si plusieurs créanciers hypothécaires sont en discussion pour savoir qui exercera le *jus offerendi*.

la préférence appartient au second, puis au troisième, et ainsi de suite.

V. Le tiers-détenteur qui use du *jus offerendi* vis-à-vis d'un créancier hypothécaire, acquiert la créance de celui-ci.

DROIT FRANÇAIS.

I. L'obligation solidaire de la femme et du mari envers un créancier chirographaire n'emporte pas renonciation à l'hypothèque légale.

II. La subrogation, consentie par acte sous-seing privé, est nulle *erga omnes*.

III. L'article 9 régit les renonciations extinctives.

IV. Le créancier subrogé doit, lorsqu'il reçoit en même temps une hypothèque conventionnelle sur les biens du mari, prendre deux inscriptions distinctes.

V. Quand l'hypothèque légale est déjà inscrite, le subrogé ne peut que mentionner la subrogation en marge de l'inscription, sans pouvoir prendre une inscription directe à son profit.

VI. L'inscription prise par le subrogé n'est pas nulle parce qu'elle ne contient pas l'énumération détaillée de tous les droits de la femme.

VII. Les créanciers du mari ne peuvent se prévaloir du défaut d'inscription de la subrogation.

VIII. L'inscription prise par le subrogé en son nom personnel, profite aussi à la femme, et il ne peut en donner main levée sans la participation de celle-ci.

IX. La femme peut réclamer la collocation provisoire et éventuelle de sa créance d'indemnité, même avant d'avoir payé, et bien que le mari ne soit ni en faillite ni en déconfiture.

DROIT CRIMINEL.

I. Le complice d'un suicide est punissable, lorsque pour prêter son concours à la victime, il a commis un acte qui, abstraction faite du suicide, tomberait sous l'application de la loi pénale.

II. Le témoin qui a prêté serment de dire la vérité, n'est pas coupable de faux témoignage en altérant la vérité sur des faits qui l'incriminent personnellement.

HISTOIRE DU DROIT.

I. Les établissements de Saint-Louis ne sont qu'une œuvre privée.

II. Le privilége de la masculinité est d'origine germanique; mais il fut .ravivé à l'époque féodale par le désir de conserver les biens dans la famille.

DROIT DES GENS.

I. A l'exception de certains droits exclusivement réservés aux Français, les étrangers jouissent en France de tous les droits civils.

II. La femme étrangère a dans tous les cas hypothèque légale sur les immeubles que son mari possède en France.

Vu par le président de la thèse,

ROYER-COLLARD.

Vu par le doyen de la Faculté,

C. A. PELLAT.

Permis d'imprimer.

Le vice-recteur.

ARTAUD.